#METOO.
LE COMBAT
CONTINUE

Sous la direction de
Lénaïg Bredoux

#METOO
LE COMBAT CONTINUE

« ENQUÊTE DE SENS »

SEUIL MEDIAPART

Cet ouvrage est publié dans la collection « Enquête de sens »,
collaboration entre les éditions du Seuil et Mediapart

ISBN 978-2-02-154388-9

www.seuil.com
www.mediapart.fr

AVANT-PROPOS

Par Lénaïg Bredoux
Co-directrice éditoriale et responsable aux questions de genre de Mediapart

#MeToo est une affaire sensible. Des regards, des hésitations, des lèvres qui tremblent, des bras que l'on serre contre soi, des corps que l'on étreint, des victimes qui se reconnaissent, se soulagent les un·es les autres, des sourires. Au fil des années, la rédaction de Mediapart a été témoin de ce mouvement puissant, aussi douloureux que joyeux, aussi violent que d'une infinie tendresse.

Nous l'avons vu dans nos bureaux parisiens le 9 mai 2022. Ce jour-là, les locaux ont été transformés en plateau de télévision pour accueillir le témoignage de vingt femmes dénonçant le journaliste Patrick Poivre d'Arvor, star déchue du journal de 20 heures de TF1. Le dispositif est inédit. Une émotion, profonde, bouleverse toutes celles et tous ceux qui assistent à la scène. Elle se voit à l'image. #MeToo est là, résumé : des femmes, nombreuses, venues de régions et de milieux différents, d'âges variables, qui ne se connaissaient pas pour la plupart, et qui disent des mots si proches, dans une communion bouleversante.

Nous l'avons vu dans le studio de Mediapart le 4 octobre 2022. Il était alors question d'esquisser un bilan de #MeToo, cinq ans après. Autour de la table, la militante féministe et lesbienne des quartiers populaires Hanane Ameqrane, la journaliste Hélène Devynck, autrice de *Impunité* (Seuil, 2022) à propos de l'affaire PPDA, Axelle Jah Njiké, réalisatrice de podcasts consacrés notamment aux violences subies par les femmes noires, et la maîtresse de conférences en droit privé Camille Kouchner, dont le livre *La Familia grande* (Seuil, 2021) a suscité une onde de choc à propos de l'inceste.

Nous l'avons vu encore en recevant le 13 septembre 2022 Iris Brey, Juliet Drouar et Dorothée Dussy, qui publiaient *La Culture de l'inceste* (Seuil), ainsi que Paoline Ekambi, ancienne internationale de l'équipe de France de basket. « L'inceste est partout », disaient-elles et il. Une expérience partagée, qu'il et elles faisaient l'incommensurable effort de nous communiquer.

Nous l'avons vu si souvent dans nos enquêtes. Tout part de là.

#MeToo est une affaire politique. Les paroles et les récits qui s'expriment ne disent pas seulement la souffrance. Ils décrivent des rapports de domination. Les violences sexistes et sexuelles devraient s'appeler « violences de genre », ou « violences masculines », ou « violences machistes » comme en Espagne. Elles n'ont rien de sexuel, elles ont tout à voir avec le pouvoir. Au sein de la famille, entre adultes et enfants, entre hommes et femmes. Elles sont le fait d'hommes dans l'écrasante majorité des cas.

« Les monstres, ça n'existe pas. C'est notre société, c'est nos amis, c'est nos pères, c'est nous. Et on n'est pas là pour les éliminer, on est là pour les faire changer », avait dit la comédienne Adèle Haenel sur le plateau de Mediapart dès 2019. Qu'on l'appelle « patriarcat » ou « système de domination », c'est une organisation sociale, universelle (ou presque), qui conditionne notre position dans la société, notre construction en tant qu'individu, nos sexualités.

Voilà pourquoi les violences interrogent plus généralement les rapports de genre, les inégalités femmes-hommes, la structure de la famille, les institutions qui laissent faire, notre construction en tant qu'individu, la fluidité du genre, la transidentité. #MeToo n'est pas seulement l'affaire des femmes. C'est l'affaire de l'ensemble des minorités de genre – les femmes, les personnes LGBTQI+. C'est l'affaire de la masculinité. Ces questions sont indissociables.

Elles suscitent un débat politique particulièrement vif. Des forces centrifuges sont à l'œuvre. D'un côté, un puissant mouvement féministe noue des alliances inédites, notamment face aux violences policières, traverse les sociétés partout dans le monde et contribue à des bouleversements intimes et collectifs que tous et toutes ressentent confusément.

De l'autre, des forces réactionnaires, ou conservatrices, singulièrement à l'extrême droite, mènent une « guerre culturelle » organisée contre les droits des femmes, ceux des personnes LGBTQI+, contre les minorités. Celle-ci produit des effets concrets : recul sur le droit à l'avortement aux États-Unis, en Hongrie ou en Italie ; lois contre les personnes transgenres dans plusieurs États américains ; attaques, en France, contre des spectacles de drag queen ou des centres LGBTQI+.

En Afghanistan, les talibans font la guerre aux femmes, recluses chez elles, privées de droits. En Iran, les mollahs répriment violemment la révolution féministe qui a surgi à l'automne 2022. En Russie, Vladimir Poutine justifie, entre autres, la guerre en Ukraine par son combat contre les « prétendues libertés de genre ».

L'écrivaine et sociologue Kaoutar Harchi le dit en conclusion de ce livre : « Ça bouge beaucoup, comme un sol que l'on sent trembler sous nos pieds, mais le ciel, lui, est toujours un peu le même. » Autrement écrit : « Ça bouge beaucoup, mais ça change peu. »

#MeToo est une affaire journalistique. La presse est là pour documenter les bouleversements du monde. Elle y contribue aussi parfois. En 2017, le hashtag, créé par la travailleuse sociale afro-américaine Tarana Burke dix ans plus tôt, a été relancé par l'actrice Alyssa Milano sur les réseaux sociaux après la publication de deux enquêtes magistrales, l'une, le 5 octobre, signée Jodi Kantor et Megan Twohey du *New York Times*, l'autre, le 10 octobre, de Ronan Farrow du *New Yorker*, toutes les deux à propos du producteur de cinéma Harvey Weinstein.

La presse était, jusque-là, pointée du doigt comme faisant partie du problème : longtemps, aux États-Unis comme en France, elle a minimisé les violences, elle les a euphémisées, folklorisées. Elle les a traitées comme des faits « divers », sans en rapporter la masse et le caractère structurant, pourtant manifestes dans de nombreuses études statistiques et des travaux de recherche. L'enquête journalistique devait s'arrêter à la porte de la chambre à coucher, théorisait l'hebdomadaire *Le Canard enchaîné* qui faisait référence en matière d'investigation. Les dirigeants de la presse (des hommes, la plupart du temps) se vantaient en France de respecter la « vie privée », mêlant dans le même mouvement des accusations de violences sexistes et sexuelles (potentiellement des crimes et des délits) et des coucheries adultérines qui, consenties, ne regardent que les concerné·es. Ainsi en était-il, par exemple, des vidéos intimes de Benjamin Griveaux diffusées sans son accord – Mediapart avait refusé toute publication.

Notre rédaction a, elle, choisi de s'investir massivement et collectivement, dès 2016, à la faveur de l'enquête menée (conjointement avec France Inter) sur l'écologiste Denis Baupin, alors vice-président de l'Assemblée nationale. La veille de la publication, le 8 mai 2016, Edwy Plenel, président de Mediapart, s'adressait par courriel à l'équipe en ces termes : « D'une certaine manière, cette enquête ressemble au processus que nous avons enclenché avec l'affaire Cahuzac : à partir d'un symbole, et donc d'un nom, mettre en haut de l'agenda une question d'intérêt public essentielle qui, quoique présente dans des rapports et des colloques, n'est pas encore passée dans les actes concrets de la vie politique [...]. C'est ce qui s'est joué sur l'évasion et la fraude fiscale en 2013, avec les suites diverses et amples que l'on sait [...]. C'est ce qui va se jouer cette fois sur l'ordinaire des pratiques de domination sexuelle [...] dans un monde politique façonné par et pour les hommes. »

Quatre ans plus tard, le journal a créé un poste de responsable éditoriale aux questions de genre – une première en France –, à la fois pour renforcer notre couverture de la révolution #MeToo et pour réfléchir à nos pratiques journalistiques. Les champs d'investigation et de réflexion ne cessent de s'étendre. Et, avec eux, les raisons d'espérer et de se réjouir. Comme le dit l'historienne Michelle Perrot, si généreuse dans le partage de son savoir, le féminisme est « un petit peu comme l'ombre qui se dissipe, une lumière qui arrive ». « C'est une source d'optimisme, de joie, d'engagement. »

CHAPITRE I

#METOO, RÉVOLTE OU RÉVOLUTION ?

« #METOO EST UN GRAND ÉVÉNEMENT DANS UNE RÉVOLUTION PLUS VASTE »

Entretien avec Michelle Perrot
Par Lénaïg Bredoux

Michelle Perrot est historienne, spécialiste de l'histoire des femmes et de l'histoire sociale. Elle a codirigé, avec Georges Duby, une *Histoire des femmes en Occident* en cinq volumes (Plon, 1991-1992) et publié récemment, avec Eduardo Castillo, *Le Temps des féminismes* (Grasset, 2023).

Quel regard portez-vous sur l'événement mondial qu'est #MeToo ?

Nous vivons un temps fort du féminisme. « L'amour, si je veux, quand je veux comme je veux », nous dit #MeToo, dans une résonance avec la devise des années 1970 : « Un enfant si je veux, quand je veux comme je veux. » Cette fois, la nouveauté réside dans la manière dont les femmes ont su s'emparer des réseaux sociaux pour donner à leur parole protestataire un écho inédit. Ce ne sont plus des centaines de femmes, mais des milliers, des centaines de milliers qui s'expriment.

La devise elle-même – #MeToo, « moi aussi » – est magnifique. Elle pose à la fois « moi », dans ma personnalité, mon individualité, et « aussi », avec les autres. Elle noue une alliance entre le personnel, le politique et le collectif qui me paraît d'un grand intérêt.

Estimez-vous, au regard du temps long, qu'il s'agisse d'une révolution ?

J'ai tendance à penser que #MeToo constitue un grand événement dans une révolution plus vaste. Il s'agit d'une étape qui s'insère dans un mouvement engagé cinquante ans plus tôt, dans les années 1970. Simplement, cette fois, elle va beaucoup plus loin.

Quel parallèle faites-vous entre le mouvement des années 1970 et #MeToo ? Est-ce essentiellement la bataille autour du corps des femmes ?

Oui, mais dans des termes différents. Dans les années 1970, le corps des femmes apparaît comme un corps maternel, autour de l'enfant, tandis qu'avec #MeToo c'est le corps vraiment personnel, dans la sexualité. Naturellement, il y a des liens très importants entre maternité et sexualité. Mais la frontière de l'intime se déplace.

Par ailleurs, le fait que beaucoup plus de femmes parlent change la donne. Dans les années 1970, la parole sur l'avortement restait largement cachée, secrète. L'écoute de #MeToo est également bien supérieure à la réception faite à l'époque autour de l'avortement.

Enfin, #MeToo rend le féminisme plus universel, avec des femmes qui s'expriment depuis les États-Unis, l'Europe, l'Asie, l'Afrique… Au moment même où le féminisme, à juste titre, insiste sur les différences, il y a dans ce mouvement une dimension universelle importante.

Pour décrire l'histoire du féminisme, on évoque souvent des « vagues ». L'expression est contestée. Mais, au-delà, domine un sentiment de conquêtes, de résistances et de reflux. Comment expliquez-vous ce va-et-vient permanent ?

Autrefois, nous parlions de « vagues » parce que le féminisme est un mouvement qui, pendant longtemps, a été intermittent. Il existait toujours de façon souterraine. Puis il surgissait quand les conditions le permettaient. Il parvenait à s'immiscer dans les failles du pouvoir. Dans les périodes révolutionnaires ou de crise politique, en 1830, en 1848, lors de la Commune, à la Libération, ou encore après Mai 68, les femmes trouvaient de l'espace pour dire : et nous alors ?

Prenons un exemple : au début du XIXe siècle, une révolution politique se produit, avec l'arrivée au pouvoir de Louis-Philippe [roi de 1830 à 1848]. Les féministes, à l'époque, ne portent pas ce nom – le mot est né à la fin du siècle – mais elles vont s'emparer de la parole, créer des journaux comme *La Femme libre* [fondé en 1832 par Marie-Reine Guindorf et Jeanne-Désirée Véret, premier journal féministe français, conçu et publié uniquement par des femmes].

Ce qui change probablement à notre époque, c'est l'existence d'associations féministes plus importantes, et plus insérées, comme Osez le féminisme, le Planning familial ou la Fondation des femmes.

Quand ces vagues surgissent, elles refluent ensuite et rencontrent de vives oppositions. Pourquoi les résistances sont-elles aussi fortes ?

Parce que, dans notre culture, l'égalité entre les hommes et les femmes n'est pas pensée comme étant normale. Nos cultures prônent la différence hiérarchisée des sexes. Ce sont de vieilles structures, qui remontent à l'aube des temps.

La grande anthropologue Françoise Héritier a écrit à cet égard des livres majeurs, notamment, en 1996, *Masculin/féminin. La pensée de la différence* (Odile Jacob), puis le tome 2, en 2012, *Masculin/féminin. Dissoudre la hiérarchie* (Odile Jacob). Elle montre comment la pensée de la différence s'enracine dans la préhistoire (dans l'évolution, pourrait-on dire avec le grand paléoanthropologue Pascal Picq), avant d'être rationalisée par la pensée philosophique grecque et d'être constamment reprise et reformulée selon les époques.

Ainsi, les Grecs pensaient que les hommes avaient le « pneuma », qui est à la fois l'inspiration et le sperme. Les hommes étaient les créateurs de l'humain. Les femmes n'étaient qu'un vase, qui recevait la semence. Le processus de l'ovulation leur était totalement inconnu – il n'a été découvert qu'à partir de la fin du XVIIIe siècle avec le développement de la recherche biologique.

À propos de la découverte de l'ovulation, vous rappelez, dans votre essai *Le Temps des féminismes* (avec Eduardo Castillo, Grasset, 2023), une citation de Michel Foucault : « La conscience féministe passe aussi par les ruptures

d'évidences. » Est-ce cette rupture avec l'évidence qui rend aussi difficile le débat sur #MeToo ?

Certainement. Rompre les évidences est particulièrement difficile. Françoise Héritier voyait la différence hiérarchisée des sexes comme une structure de si longue durée qu'elle ne pourrait jamais changer. On a beaucoup discuté avec elle, notamment au sujet de la conquête de l'avortement. C'est à ce moment-là qu'elle a évoqué l'idée d'une « révolution copernicienne », reprenant l'expression de Geneviève Fraisse. Et elle a écrit le second tome de *Masculin/féminin*, qui représente finalement l'espoir personnel de Françoise Héritier : dissoudre les hiérarchies.

#MeToo a aussi fait surgir de nombreuses polémiques, mêlant dans le même mouvement la critique du « woke » (le fait d'être « éveillé » aux discriminations, notamment raciales) adossée à celle de la « cancel culture » (l'exclusion supposée des réactionnaires du débat public), de l'intersectionnalité (le fait de penser des dominations croisées) ou des études de genre et décoloniales. Quel regard portez-vous sur ces débats ?

Quand des mots nouveaux apparaissent, au lieu de les rejeter, il faut savoir ce qu'ils veulent dire, comment ils sont dits et ce qu'ils recouvrent. Après, on discute. De nombreuses études sont parues depuis quelques mois à cet égard dont il convient de prendre connaissance. Il faut être attentif à ce qui vient des États-Unis (ou d'ailleurs), quitte à en faire la critique.

Il faut d'abord rappeler que ce sont des mots nés surtout sur les campus américains et dans un affrontement avec des catégories sociales. Le mot « woke », par exemple, naît de la présidence de Donald Trump, appuyé par les mouvements évangélistes. Dans ce contexte, « être éveillé », ou « faire attention », me paraît important.

Je revendique également le mot « décolonial ». Il faut prendre conscience des effets de longue durée qu'a eus la colonisation sur les peuples dominés. Prenons un exemple. J'étais contre la guerre d'Algérie, et quand la libération et l'indépendance du pays sont survenues en 1962, j'ai pensé que les problèmes étaient réglés, que c'était fini. En réalité, la colonisation française a pesé sur les cultures algériennes et, par conséquent, il y a des responsabilités françaises de longue durée. Les effets des guerres sont d'une certaine manière interminables.

« Être féministe signifie lutter contre l'ombre », dites-vous dans votre dernier livre. Le féminisme est-il pour vous une source de joie ?

Absolument ! Le féminisme, pour moi, a été une source de joie sensible et intellectuelle, sur le plan des sentiments et celui de la connaissance. D'abord, dans les années 1970, avec la découverte de l'amitié féminine. Je l'avais déjà avec mes amies de longue date. Mais je ne la connaissais pas de manière si collective. Se retrouver entre soi, parler de ses problèmes, avoir un objectif commun... C'est vraiment une source de joie. Poser la question de la différence des sexes renouvelle la perspective historique. Ouvrir un champ de recherches nouveau, en l'occurrence celui de l'histoire des femmes, c'est extrêmement stimulant.

Dans les années 1980 et après, le féminisme était plus officiel. Il avait l'avantage d'être reconnu mais il était moins conquérant, moins lumineux. Il me semble que, maintenant, nous sommes à nouveau face à une ouverture formidable. C'est un petit peu comme l'ombre qui se dissipe, une lumière qui arrive... C'est une source d'optimisme, de joie, d'engagement.

CENT AFFAIRES EMBLÉMATIQUES

Par Lénaïg Bredoux, Marine Turchi et Donatien Huet

En France, « #MeToo est un mouvement de victimes sans coupables ». Voilà comment la présidente de la Fondation des femmes, Anne-Cécile Mailfert, résume le mouvement déclenché à l'automne 2017. Les opposant·es à cette dénonciation des violences sexistes et sexuelles fustigent pour leur part un « tribunal médiatique » ou des « réseaux sociaux » qui aboutiraient à des milliers de dénonciations mensongères et au bannissement de centaines d'hommes innocents.

À l'occasion de la Journée internationale pour l'élimination de la violence à l'égard des femmes, le 25 novembre 2022, Mediapart a tenté d'éplucher cent affaires parmi les plus retentissantes. Quelles en ont été les conséquences ? Ont-elles été judiciarisées ? Les hommes mis en cause ont-ils été sanctionnés, et de quelle manière ?

Ce décryptage a évidemment ses limites : la liste n'est pas exhaustive, elle comporte les dossiers les plus médiatisés, dans les champs les plus divers possibles, et il est trop tôt pour en connaître l'issue définitive, vu la durée des procédures judiciaires (plusieurs années, parfois plus d'une décennie) et le caractère récent de certains cas. Depuis le début de #MeToo, les affaires sont aussi différentes, par la gravité des accusations, leur ancienneté et le caractère unique de chaque cas.

Mais deux points communs se dégagent nettement. À l'exception du politiste Olivier Duhamel et de l'ancien chirurgien Joël Le Scouarnec, qui ont esquissé des aveux, l'écrasante majorité des personnes mises en cause contestent les faits reprochés. Et, dans près des deux tiers des affaires, on ne compte pas une mais plusieurs plaignant·es.

Elles traversent tous les milieux, sans exception, et elles concernent la plupart du temps un membre de l'entourage ou de la famille. Elles sont aussi fréquentes au travail – comme l'ont montré les affaires récentes chez McDonald's, Havas, celles concernant les hôtesses du groupe Air France ou les femmes de ménage. Mais ce sont les mises en cause individuelles de personnalités qui font souvent le plus grand bruit.

20 % des plaignant·es sont des hommes

Dans les cent affaires retenues pour cette esquisse de bilan, seules deux des personnes mises en cause sont des femmes. L'une et l'autre ont depuis bénéficié d'un non-lieu devant la justice.

Selon les chiffres officiels du gouvernement, en 2020, 99 % des personnes condamnées pour violences sexuelles sont des hommes. Et 87 % des victimes de violences sexuelles enregistrées par les services de police et de gendarmerie sont des femmes, d'après l'Observatoire national des violences faites aux femmes.

Ces chiffres se reflètent dans les affaires les plus médiatisées. Dans vingt des cent affaires retenues, les plaignant·es sont des hommes – loin de l'idée d'une invisibilisation ou d'une sous-déclaration des victimes masculines. Citons, à titre d'exemple, la procédure judiciaire visant le patron du Centre national du cinéma (CNC) Dominique Boutonnat, celles concernant l'ancien candidat à la présidentielle François Asselineau, l'artiste Claude Lévêque ou encore l'ancien ministre André Santini.

85 % des affaires sont judiciarisées

Autre enseignement, les faits dénoncés sont souvent parmi les plus graves. Les viols et les agressions sexuelles arrivent largement en tête. Loin des clichés assénés sur certains plateaux de télévision de milliers de femmes qui viendraient mettre à mal la « galanterie à la française » ou la « liberté d'importuner ».

La très grande majorité des dossiers médiatisés fait l'objet d'une procédure judiciaire – là aussi à rebours des clichés sur les victimes qui préféreraient passer par la presse ou les réseaux sociaux plutôt que de s'adresser à la justice. Quatre-vingt-cinq affaires ont été judiciarisées. Parmi celles-ci, un quart environ a été classé sans suite ou a débouché sur un non-lieu. Les autres sont toujours en cours. Entre dix et quinze affaires ont été jugées et ont abouti à une condamnation du mis en cause.

De nombreuses personnalités ont bénéficié de classements sans suite. Soit parce que les procédures sont arrivées très longtemps après les faits et que la prescription a éteint l'action publique (c'est le cas notamment d'Olivier Duhamel, des ex-ministres Nicolas Hulot et Jean-Michel Baylet ou de l'acteur Richard Berry). Soit parce que les infractions n'étaient pas suffisamment caractérisées (ainsi pour le chanteur Patrick Bruel, le ministre de l'Intérieur Gérald Darmanin ou les producteurs Luc Besson et Gérard Louvin).

À ce jour, une poignée de célébrités sont mises en examen pour viol comme Gérard Depardieu, Tariq Ramadan et Yannick Agnel.

À l'inverse, à un niveau intermédiaire de pouvoir ou de notoriété, des mises en examen ou des sanctions interviennent. Ainsi, l'eurodéputé Rassemblement national (RN) Hervé Juvin a été condamné en appel pour violences conjugales, tout comme les anciens députés La République en marche (LREM) Jérôme Peyrat et Benoît Simian, condamnés pour violences conjugales pour le premier, pour harcèlement sur son ex-compagne pour le second. *Idem* pour Adrien Quatennens, condamné en décembre 2022 pour violences conjugales.

De même, le dirigeant de l'Union populaire républicaine (UPR) François Asselineau, l'avocat Juan Branco, l'historien et ancien consultant de BFMTV François Durpaire, le chanteur Jean-Luc Lahaye, l'artiste Claude Lévêque ou le gynécologue Émile Daraï sont mis en examen (ce qui ne préjuge pas de l'issue finale du dossier, mais témoigne de l'existence d'indices graves ou concordants).

Pour autant, tous n'ont pas été écartés de leurs responsabilités. À l'image de Dominique Boutonnat, grand donateur de la campagne 2017 d'Emmanuel Macron, qui, malgré son renvoi en correctionnelle pour « agression sexuelle », a été reconduit à la tête du CNC et même nommé administrateur de France Télévisions comme représentant de l'État.

Les ministres sont peu sanctionnés

Le monde politique semble moins sanctionné à ce stade : pour la moitié, les affaires répertoriées par Mediapart dans ce milieu soit n'ont fait l'objet d'aucune procédure judiciaire, soit ont été classées sans suite, soit ont abouti à un non-lieu. Est-ce lié au fond des dossiers, insuffisamment étayés ? À la prescription qui touche les faits dénoncés ? Ou à une impunité plus grande dont bénéficierait la classe politique ? Difficile d'être catégorique.

Par ailleurs, très peu des ministres mis en cause ont été sanctionnés par la justice ou par leur milieu professionnel. L'ancien membre du gouvernement de Manuel Valls Jean-Michel Baylet a bénéficié de la prescription, acquise pour la plainte déposée contre lui pour « viols sur mineur », et il n'a jamais été sanctionné ni par son parti (le Parti radical de gauche) ni professionnellement (il est propriétaire d'un puissant groupe de presse). À droite ou au centre, le résultat des procédures engagées – toutes différentes – est identique : Nicolas Hulot a été maintenu au gouvernement malgré les premières accusations (il a depuis quitté volontairement la scène publique), quand Gérald Darmanin a été promu ministre de l'Intérieur malgré une plainte pour viol. Damien Abad, quant à lui, a bien été exfiltré du gouvernement en 2022, mais il siège à l'Assemblée dans le groupe de la majorité, Renaissance. André Santini, membre des gouvernements de Jacques Chirac et de François Fillon, est pour sa part visé par une enquête préliminaire pour « agression sexuelle », « harcèlement sexuel » et « harcèlement moral ». En attendant les suites judiciaires, il exerce normalement son mandat de maire d'Issy-les-Moulineaux (Hauts-de-Seine).

L'ancien écologiste Jean-Vincent Placé, dont la stature et l'influence étaient moindres que celles des autres ministres cités, est actuellement mis en examen pour « harcèlement sexuel » et « agression sexuelle », et il a disparu du débat public. Plusieurs députés ont quant à eux été condamnés au moins en première instance et n'ont pas été reconduits par LREM-Renaissance.

Les contre-offensives des mis en cause

Les féministes et les magistrat·es sont en revanche unanimes sur un point : le mouvement #MeToo et la révélation médiatique d'affaires de violences sexuelles ont produit des effets positifs à grande échelle. « Cela a eu un impact clair sur monsieur et madame tout le monde », reconnaît un magistrat. « Car plus de gens poussent la porte du commissariat, notamment pour dénoncer des violences conjugales. C'est lié à une libération de la parole découlant de #MeToo et accompagnant l'évolution juridique intervenue, notamment sur la prescription. » En 2018, François Molins, alors procureur de Paris, avait indiqué avoir enregistré, à l'automne 2017, « une augmentation de 20 à 30 % pour les affaires de harcèlement et d'agression sexuelle » et « un pic » de 154 plaintes pour le seul mois d'octobre 2017.

Conséquence aussi de #MeToo, les associations d'aide aux victimes sont désormais saisies pour « des faits pénalement moins graves, ou des faits isolés », constate Marilyn Baldeck à l'Association européenne contre les violences faites aux femmes au travail (AVFT). « Ce qu'on peut analyser comme une forme de sursaut de sentiment de légitimité sur des faits qui passaient sous les radars avant. Les victimes ne veulent plus se laisser faire. »

Si, selon elle, rien ne change dans les aspects procéduraux (délais longs, parcours judiciaire difficile), « voire [que] cela s'aggrave », concernant l'issue des dossiers « #MeToo a produit des effets opposés ». D'un côté, la juriste de l'AVFT obtient désormais, dans les dossiers qu'elle accompagne, « des condamnations qu'on ne décrochait pas auparavant ». Elle estime également que les plaintes qui parviennent à se frayer un chemin jusqu'au juge d'instruction « sont un peu moins maltraitées qu'avant ». Mais, d'un autre côté, Marilyn Baldeck constate aussi « des échecs retentissants, ce qu'on analyse, à l'AVFT, comme une forme de *backlash* [retour de bâton] : c'est-à-dire que non seulement on perd le procès, mais en plus de manière extrêmement vexatoire pour les victimes et l'association ».

Au sein de la magistrature, on soutient au contraire que l'institution judiciaire a connu une évolution sans précédent dans le traitement de ces dossiers, avec la mise en place d'outils et de structures. « Depuis #MeToo, on a changé d'époque », assurent en chœur Gwenola Joly-Coz et Éric Corbaux, binôme à la tête de la cour d'appel de Poitiers et à l'origine de nombreuses innovations en la matière.

Tous deux conviennent cependant que le nombre de classements sans suite reste important, en raison du manque de moyens d'enquête et de la difficulté à apporter la preuve dans ces affaires. « On comprend qu'on ne puisse plus accepter qu'un tri soit fait entre dossiers plus ou moins graves, que des dossiers ne soient pas suffisamment investigués, que le parquet soit contraint de choisir entre ce qu'il va poursuivre et laisser tomber », explique Éric Corbaux, procureur général de Poitiers, qui, avec sa collègue, insiste : « La justice doit avoir les moyens d'investiguer. »

L'AFFAIRE PPDA : LA BATAILLE DE « SŒURS D'INFORTUNE »

Par Lénaïg Bredoux

Parmi les affaires emblématiques consécutives au mouvement #MeToo, une se distingue : elle porte les initiales de celui qui fut pendant plusieurs décennies le journaliste le plus connu de France, présentateur du 20 heures sur TF1, quand ce rendez-vous d'information était « la » grand-messe du journalisme. « PPDA », pour Patrick Poivre d'Arvor, accusé par une vingtaine de femmes de violences sexuelles, notamment d'agressions sexuelles et de viols. Une procédure judiciaire est en cours, et le journaliste bénéficie à ce titre de la présomption d'innocence.

Les plaignantes ont leurs mots. Elles ont le nombre

Elles ont entre vingt-huit et soixante-trois ans. Elles sont journalistes, autrices, mais aussi enseignante, bibliothécaire, employée de magasin, conseillère commerciale, administrative ou aux entreprises... Elles viennent de milieux sociaux différents, de région parisienne, de Bretagne, de Bourgogne, du bassin d'Arcachon, du Pays basque, du nord de la France. Les faits qu'elles dénoncent ont eu lieu à TF1, au domicile de Patrick Poivre d'Arvor, mais aussi dans des chambres d'hôtel, au ministère de la Culture, dans les loges de son émission ou en marge d'un colloque de journalistes à la Martinique. Au vu de leurs parcours, de leurs milieux, ces femmes ne se seraient, dans d'autres circonstances, probablement jamais croisées.

L'affaire a éclaté en février 2021, avec la plainte de Florence Porcel pour « viols », pour des faits qui remonteraient à 2004 et 2009, alors qu'elle était étudiante. La révélation de cette procédure dans *Le Parisien*, puis les dénégations de Patrick Poivre d'Arvor dans l'émission *Quotidien* ont poussé vingt-deux autres femmes à témoigner auprès des policiers au printemps 2021, et pour certaines publiquement dans *Le Monde*. La plupart ne se connaissaient pas avant le début de l'affaire.

Leurs accusations sont de gravité pénale variée (« comportement inapproprié dans le cadre professionnel », « harcèlement sexuel », « agression sexuelle », « viol »), mais elles décrivent toutes un même « mode opératoire », comme l'a souligné le policier dans son rapport de synthèse : celui d'un « prédateur sexuel » qui « abuserait de sa notoriété », qui multiplierait les « questions intrusives » (« êtes-vous en couple ? », « êtes-vous fidèle ? », « quand avez-vous fait l'amour pour la dernière fois ? », « vous masturbez-vous ? ») et qui aurait agi « dans la brutalité », « sans la moindre tentative de séduction, ni la moindre considération envers les femmes qui osaient refuser ses avances ».

« Ce qui est sidérant, c'est la concordance des témoignages. On décrit le même homme, on ne se connaît pas, on n'a aucune raison de mentir... On n'a aucune raison de parler et on décrit exactement les mêmes gestes, les mêmes mots, les mêmes circonstances », a affirmé, sur le plateau de Mediapart le

9 mai 2022, la journaliste et autrice Hélène Devynck, qui a porté plainte contre Patrick Poivre d'Arvor pour viol.

De son côté, le journaliste conteste fermement les faits. Lors de son audition, en mai 2021, l'ex-présentateur avait balayé de « fausses » accusations, qui émaneraient, selon lui, de femmes qui lui en voudraient de « les avoir oubliées », ou qui se seraient « peut-être muées en militantes », dans « l'air du temps ». Il avait contesté l'existence de certains faits, reconnu la matérialité d'autres, mais il a nié toute « contrainte », en se disant « extrêmement conscient qu'il ne fallait jamais forcer une femme en quoi que ce soit », et assurant avoir « besoin de sentir qu'en face de [lui] il y ait un désir, une possibilité ». Il s'est dépeint en séducteur qui « butine » parfois et aime « la compagnie des femmes ».

En juin 2021, la justice a classé l'affaire sans suite, en raison de la prescription pour une grande partie des plaintes, ou de faits insuffisamment caractérisés pour d'autres. En novembre, Florence Porcel a déposé une nouvelle plainte, avec constitution de partie civile. Une information judiciaire a été ouverte, confiée à un juge d'instruction.

De la nervosité, et des larmes

En ce lundi 9 mai 2022, c'est la première fois qu'elles se retrouvent aussi nombreuses. Certaines ne s'étaient jamais rencontrées. La rédaction de Mediapart a été transformée en plateau de télévision. Il y a des éclairages, des caméras, des bancs, l'équipe technique. La cuisine est pleine à craquer. Exceptionnellement, on a le droit d'y fumer. Nos invitées ont des gestes qui trahissent leur nervosité. L'émotion se lit dans les regards. Elles ont peu dormi.

Elles sont dix-huit à s'encourager, dont seize à visage découvert. Jamais autant de plaignantes ne s'étaient retrouvées sur le même plateau télé. Le dispositif préparé par les journalistes Mathieu Magnaudeix et Valentine Oberti, avec Marine Turchi, résume, à lui seul, l'ampleur de cette affaire hors normes. Toutes sont venues parce qu'elles sont en « colère ».

Elles ont découvert peu de temps auparavant que PPDA avait déposé une plainte pour « dénonciation calomnieuse » contre seize d'entre elles. « Depuis l'emballement généré par la déferlante #MeToo, la libération de la parole des femmes connaît malheureusement son lot d'excès et de dérives, et les moyens mis en œuvre pour servir cet objectif légitime peuvent s'avérer pervers et dévastateurs », dénonce cette plainte de quarante-trois pages.

Anouk Ortlieb a soixante-deux ans. Écrivaine et ancienne journaliste suisse, elle a appris, par notre intermédiaire, qu'elle était visée par cette démarche. « Ce n'est pas possible qu'on ait inventé tout ça, ce n'est pas possible, et partant de là, ce n'est juste pas crédible. Nous, femmes, nous avons un rôle à jouer pour dire : "Ça n'est pas tolérable." Nous avons le droit de défendre nos filles et nos sœurs », explique-t-elle. Des mots qui résonnent avec ceux d'Emmanuelle Dancourt, journaliste à RMC et autre plaignante : « Dans le milieu militaire, ce que fait Patrick Poivre d'Arvor, on appelle ça de la gesticulation. [...] Il nous sort cette plainte pour dénonciation calomnieuse qui est totalement indécente et qui est totalement risible. S'il croyait franchement nous impressionner avec ça... »

« Est-ce que cette plainte va nous permettre de nous exprimer devant les tribunaux ? On l'espère. On maintiendra nos accusations. Et surtout, ça nous permettra de faire entendre d'autres personnes sur cette affaire », promet aussi Muriel Réus, ancienne dirigeante d'une filiale de TF1, et qui a dénoncé une tentative d'agression sexuelle dans le bureau de PPDA en septembre 2005. Elle parle d'une affaire qui est « peut-être le plus grand #MeToo français dans les médias ».

Il n'empêche : pour les femmes qui témoignent, la plainte de PPDA vise à intimider toutes celles qui pourraient s'exprimer. « On n'a pas peur, on n'a pas envie d'avoir peur. [...] Après, on se retrouve quand même concrètement avec quelqu'un qui veut nous faire peur et nous sommes sans moyens par rapport à lui », explique la journaliste Cécile Delarue, qui a porté plainte pour « harcèlement sexuel » quand elle était à TF1, au début des années 2000. « Cela en serait presque comique, si ce n'était pas dans le but de faire taire les victimes et de dissuader d'autres nouveaux témoignages », poursuit Camille, assistante administrative qui a porté plainte pour « agression sexuelle ». Elle juge les formulations de l'ancien journaliste « absurdes de misogynie et de narcissisme ».

« On a toutes des carrières, on n'est pas en mal de notoriété, on a des vies », rétorque Muriel Réus, qui a depuis fondé une association de lutte contre les violences sexuelles. « Porter plainte, c'est vraiment s'exposer, c'est douloureux. Cela change le regard des autres. Cela change le regard de votre famille, de votre entourage, de votre univers professionnel. Cela vous met en danger. » Elle ajoute : « On n'est pas là par plaisir. Ce matin [9 mai 2022], on est là parce qu'on est toutes ensemble et que cette cohésion est importante pour nous. On est là pour faire avancer les choses, pour que finalement, peut-être, l'opinion publique se rende vraiment compte de la nature de ce personnage. »

La déception judiciaire

Si elles ont pris la parole dans les médias, certaines à plusieurs reprises, notamment dans *Le Monde*, *Libération* ou sur France Télévisions ces derniers mois, c'est aussi parce qu'elles ont été déçues du classement sans suite de la première enquête préliminaire. Elles se définissent comme les « classées sans suite » ou les « prescrites ». Elles vivent l'absence de débouché judiciaire avec amertume. « Je suis allée voir la justice pour donner une information à la justice sur qui était cet homme, et, à partir de là, pour enquêter, trouver d'autres victimes, essayer de comprendre dans quel milieu il a évolué, les ravages qu'il a pu faire. Et ça, ça n'a pas été fait », dénonce Cécile Delarue. Elle estime que « la justice n'a pas voulu voir le tableau d'ensemble ».

Justine Ducharne, juriste et ancienne journaliste, qui témoignait pour la première fois devant une caméra, aimerait quant à elle être à nouveau auditionnée par les services d'enquête. « C'est en effet la première fois que je prends la parole sur cette affaire, sur cette horreur [...] jusqu'à aujourd'hui. Je préférais rester cachée car je préférais réserver ma parole à la justice. »

Sur notre plateau, beaucoup rappellent qu'elles se sont manifestées auprès du parquet de Nanterre après la révélation de la plainte de l'autrice Florence Porcel. Pour qu'elle soit crue, entendue. « Pour moi, c'était important de dire à la police que Florence Porcel disait vrai », raconte Justine Ducharne. « Donc j'y suis allée, dans cette démarche de soutien. Mais, depuis, j'ai fait un long chemin, pour beaucoup grâce à toutes ces femmes exceptionnelles que j'ai rencontrées dans ces terribles circonstances. »

Elles se souviennent que PPDA, chez *Quotidien*, s'en était pris à l'autrice, qu'il avait accusée d'être en quête de notoriété, et dont il avait remis en cause la santé mentale. « Je voudrais que Florence Porcel soit réhabilitée dans son honneur et dans sa dignité », a dit sur notre plateau Emmanuelle Dancourt. « Elle est la non-prescrite. Elle est celle sur laquelle PPDA se concentre. Elle prend tout dans la figure. Elle ne dit rien. Elle reste droite, elle reste debout. »

Ce jour-là, la jeune femme a choisi de ne pas revenir publiquement sur les faits. Mais, explique-t-elle, « cela me paraissait aussi important de dire que je suis toujours debout ». Elle est venue « parce que cela fait quelques mois maintenant que nous prenons contact les unes avec les autres, que nous échangeons, que nous apprenons à nous connaître, que nous nous rencontrons ». Selon Florence Porcel, les plaignantes forment alors « un groupe qui fait bloc ». « Il nous permet aujourd'hui de dire que, malgré l'agressivité dont fait preuve Patrick Poivre d'Arvor sur le terrain judiciaire, il ne nous fait pas peur. Il ne nous fait plus peur. » « Nous sommes des sœurs d'infortune », conclut-elle.

« Il n'y a rien de glorieux dans cette affaire. Il y a une seule chose qui est belle, c'est nous », dit Hélène Devynck : « C'est notre solidarité et c'est encore quelque chose que Patrick Poivre d'Arvor voudrait nous enlever. » « On est toutes debout et on est là ensemble », reprend une autre journaliste qui a porté plainte pour « viol », Stéphanie Khayat. « Ça, on ne pourra jamais nous l'enlever. Il nous a brisées, mais ça, il ne l'enlèvera jamais. »

Ce compagnonnage ne va pas sans tensions. Le groupe est agité de vifs débats, les stratégies divergent parfois. Traverser cette épreuve judiciaire et médiatique est coûteux.

Le coût de la parole

Dans leurs mots et leurs regards, il y a aussi une interpellation muette qui nous est destinée. Car, avant de s'adresser à la presse, elles ont fait tout ce que la société demande. Elles se sont tournées vers la justice. Beaucoup ont porté plainte. Elles ont réservé leurs déclarations à la police et, pour certaines, évité les médias.

Elles ont attendu, espéré. Elles ont pensé qu'on les croirait. Aucune institution, pourtant, ne leur a donné raison à ce jour. Ni la justice – plusieurs procédures restent cependant en cours ; ni le groupe TF1, qui n'a jamais réagi publiquement – en dehors d'une déclaration écrite dans l'émission *Sept à Huit* indiquant qu'il était « très sensible à la souffrance » exprimée par ces femmes – et n'a pas ouvert d'enquête interne.

Elles ont fini par consentir à la médiatisation. On leur reproche d'être anonymes ? Huit d'entre elles répondent à *Libération* en novembre 2021, qui montre leurs visages à sa une. Certaines acceptent de témoigner sur des plateaux de télévision. De s'exposer encore un peu plus.

« À chaque fois qu'on réentend [ces témoignages], on en chiale toutes, et ça ne passe pas », a relaté sur le plateau de Mediapart Stéphanie Khayat. « À chaque fois que l'une d'entre nous reprend la parole, ça provoque en nous une douleur, je n'ai même pas de mots, c'est une vraie souffrance. » « Pour moi, c'est un effort très important d'être sur [le] plateau [de Mediapart] », a aussi expliqué Justine Ducharne. Car, a-t-elle poursuivi, un des impacts des violences sexuelles, c'est « la volonté de rester invisible, de ne plus être vue ». « C'est cette volonté de ne plus exister en fait. »

Dans les affaires de violences sexuelles, ce n'est jamais le bon moment ou la bonne manière de dénoncer les faits. Les femmes qui témoignent – ou les hommes – se voient régulièrement reprocher d'avoir parlé, ou au contraire de s'être tues trop longtemps. D'être trop éplorées, ou pas assez. D'exagérer, de mentir, d'avoir « couché pour y arriver », ou de vouloir se faire de la publicité. « Il n'y a pas de bonne attitude pour s'en sortir. Quand on en parle, ça ne va pas. Quand on n'en parle pas, ça ne va pas non plus », a résumé sur notre plateau Chloé*, qui a porté plainte pour un viol qui aurait eu lieu en 2003, dans le bureau du présentateur à TF1. À l'époque, « pas un instant » elle n'a « pensé à aller dénoncer » les faits. « Je pense que j'aurais été crue, mais il ne se serait rien passé. Il a obtenu la tête de gens bien plus haut placés que je ne l'étais à l'époque. » Elle en est persuadée, « il se serait vengé ».

Car la parole a un prix, et les plaignantes de l'« affaire PPDA » en ont fait l'expérience. Lorsque huit d'entre elles ont souligné les préjugés qui imprègnent encore ces dossiers dans une tribune du *Monde*, en juillet 2021, ce qu'elles dénonçaient s'est manifesté dans les commentaires des lecteurs : « Pourquoi ne pas avoir parlé avant ? » ; « Vous êtes les étourdies, les lentes, les mal réveillées » ; « Les plaintes, par effet de meute, au bout de trente-cinq ans... comment dire ? ».

« De toute façon, on a tort, il y a tout le temps des contre-arguments pour nous faire taire, pour ne pas nous croire », a réagi Nora Arbelbide, qui a porté plainte pour harcèlement. Sur notre plateau, la bibliothécaire basque, âgée de quarante et un ans, a listé les reproches faits aux plaignantes : tantôt jugées « trop prudes »

* Les prénoms suivis d'un astérisque ont été modifiés pour préserver l'anonymat des témoins.

face à des avances sexuelles, tantôt accusées d'être « de mœurs trop légères » et donc d'avoir « provoqué » le mis en cause, ou encore d'être « manipulatrices » ou bien « hystériques, folles ». Même analyse de Cécile Delarue : « Au début, on a tout fait pour ne pas parler. On a commencé à se parler entre nous. On a d'abord voulu parler à la police. Ensuite, oui, il y a cette peur en parlant publiquement d'avoir l'étiquette sur nous de féministes hystériques. »

La parole a aussi un impact sur la vie, personnelle, familiale, professionnelle, des personnes qui témoignent. Certaines n'ont pas eu la carrière qu'elles auraient pu avoir. Ou ont bifurqué vers d'autres voies. C'est le cas d'Aude Turpault-Darlet, qui a raconté dans notre émission qu'elle avait, après l'agression sexuelle qu'elle dénonce, quitté le milieu littéraire. En 2002, après la publication de son livre, à l'âge de vingt-neuf ans, elle aurait été agressée sexuellement par le présentateur lors d'un rendez-vous professionnel dans son bureau. « C'était ma première incursion dans le milieu littéraire, que je ne connaissais absolument pas, qui n'était pas mon milieu. Donc je suis arrivée avec cette agression-là et il fallait vivre avec ça. Ça m'a un peu dégoûtée du milieu et, surtout, quelques jours après l'agression, je me suis retrouvée hospitalisée parce que je n'arrivais plus à marcher ni à manger », a-t-elle relaté sur notre plateau.

Le risque est aussi d'être renvoyée, toute sa vie, à cette affaire, à un statut de victime. Ou d'être effacée. « Quand on raconte, comme nous, des violences sexuelles et sexistes, immédiatement, le réflexe de la société, c'est de nous faire disparaître », a témoigné la journaliste Hélène Devynck, citant notamment TF1, qui ferait « comme si on n'existait pas », en affirmant que, de toute façon, les protagonistes ne sont plus là. « Comme si nous, on n'était pas les protagonistes de cette histoire. »

AU CINÉMA : GÉRARD DEPARDIEU, UNE COMPLAISANCE FRANÇAISE

Par Marine Turchi

Au fil des récits, la scène semble se répéter, encore et encore. Elles sont comédiennes, maquilleuses ou techniciennes. Elles affirment avoir subi une main dans leur culotte, à leur entre-jambe, sur leurs fesses ou sur leur poitrine ; des propos sexuels obscènes ; parfois des grognements insistants. Suivis de rires sur le plateau, parfois de silences gênés, ou de regards détournés. Et cette même phrase, lorsque certaines se sont plaintes : « Oh ça va, c'est Gérard ! »

Au cours de notre enquête, qui s'est étalée sur deux années, nous avons recueilli treize témoignages de femmes affirmant avoir subi des gestes ou propos sexuels inappropriés de la part de Gérard Depardieu, de gravités différentes, sur le tournage de onze films ou séries sortis entre 2004 et 2022 ou dans des lieux extérieurs ; mais aussi les récits de nombreux témoins. Au moment de la publication de notre article, au printemps 2023, trois de ces femmes avaient apporté leur témoignage à la justice, mais aucune n'avait porté plainte. Les unes avaient renoncé, les autres n'y avaient même pas songé. En cause, le sentiment que leur parole pèserait peu face au monument du cinéma français. Et qu'elle pourrait même signer la fin de leur carrière (depuis, plusieurs d'entre elles, contactées par les policiers en charge de l'enquête, ont été auditionnées). En juillet 2023, France Inter a révélé deux autres récits de femmes accusant Gérard Depardieu de violences sexuelles.

À ces témoignages s'ajoute la plainte déposée en 2018 par une jeune actrice, Charlotte Arnould, qui accuse l'acteur de soixante-quatorze ans de l'avoir violée à deux reprises à son domicile parisien. Ces faits, contestés par le comédien, lui valent une mise en examen pour « viols » et « agressions sexuelles ».

En écoutant ces récits, multiples et concordants, une question se pose : comment Gérard Depardieu a-t-il pu tourner environ deux cents films depuis les années 1970 sans que son comportement avec les femmes nuise à sa carrière ? Les producteurs et réalisateurs pouvaient-ils ignorer les accusations qui le visent ?

Durant notre enquête, la majorité de nos interlocuteurs nous ont affirmé que le comportement du comédien était « notoire ». Plusieurs relatent des discussions dans le milieu du cinéma, où, lorsque le nom de Gérard Depardieu est évoqué, « tout le monde sort son histoire », résume un comédien. Présidente de l'Association des directeur·rices de casting (Arda) jusqu'en mai 2022, Nathalie Chéron n'a pas reçu d'« alertes formelles et directes », comme cela lui arrive régulièrement. Mais la directrice de casting, chargée du comité révélations aux César 2023, assure que ce comportement est un sujet de discussion récurrent « entre gens du métier », et elle fait état de conversations informelles autour de faits du même type que les témoignages recueillis par Mediapart.

« On sait tous comment est Gérard Depardieu », souligne aussi le producteur Emmanuel Jacquelin, directeur de production de la saison 1 de *Marseille*. « Dans le monde du cinéma, comment peut-on ignorer son comportement avec les femmes ? Est-ce qu'avoir Depardieu à l'affiche de son film rendrait sourd et aveugle ? »

Ce « tout le monde le sait » – une formule parfois employée de manière hâtive ou excessive dans certaines affaires – est conforté par le fait que six femmes travaillant dans le cinéma nous ont assuré avoir été mises en garde sur des tournages. De son côté, Gérard Depardieu n'a pas souhaité nous rencontrer, ni répondre à nos questions écrites. Par la voix de ses avocats, il a démenti « formellement l'ensemble des accusations susceptibles de relever de la loi pénale », sans répondre dans les détails.

Des éléments largement publics

Chercher à s'informer sur le comportement avec les femmes du plus célèbre acteur français, c'est mener une enquête particulièrement hardue. Les agissements de Gérard Depardieu sont tantôt passés sous silence, tantôt banalisés ou tournés en dérision. Alors même qu'ils sont, pour partie, déjà publics. Main aux fesses, baiser par surprise, propos sexuels, injures à connotation sexuelle : il suffit de parcourir les articles, interviews, vidéos et livres concernant l'acteur pour découvrir que certaines mises en cause sont, depuis longtemps, sous nos yeux.

On y trouve des témoignages de « fesses pincées » sur des tournages, des femmes journalistes traitées de « salope », une maquilleuse embrassée par surprise sur le plateau des *Fugitifs* (1986), une chroniqueuse canadienne qui se serait vu répondre qu'elle le « faisait bander » et qu'il « la prendrait bien dans une chambre d'hôtel », une interview sur France Inter, en 2017, dans laquelle Depardieu se vante d'avoir « présenté deux, trois gamines » à des soldats américains en leur disant de mettre « des cuissardes » et « de l'eau de Cologne », etc. Dans la bande dessinée *Cinq Années dans les pattes de Depardieu* (dont les passages sensibles ont été validés par le comédien), le dessinateur Mathieu Sapin décrit même ce qui pourrait être qualifié d'agression sexuelle (sollicité par Mediapart, le dessinateur n'a pas répondu). On voit la nièce du président de l'Azerbaïdjan très contrariée après un selfie avec Depardieu, et celui-ci expliquer : « Elle portait un string. J'ai senti la ficelle quand j'ai passé ma main sur son cul. »

Et puis il y a ce que personne ne peut désormais ignorer : la mise en examen de Gérard Depardieu en décembre 2020, révélée par l'AFP en février 2021. L'acteur bénéficie de la présomption d'innocence, mais la justice a estimé, à ce stade, qu'elle possédait assez d'indices graves ou concordants pour le mettre en examen.

Comédiens, réalisateurs, producteurs minimisent

Malgré cette longue série d'éléments publics, dans une partie des médias et du monde du cinéma, c'est comme si ces témoignages n'existaient pas. Gérard Depardieu continue de tourner (dix-huit films ou séries ces quatre dernières années), y compris avec de grands noms (Xavier Giannoli, Édouard Baer, Patrice Leconte). « Il travaille pendant que je passe mon temps à survivre », a dénoncé sur Twitter la plaignante, Charlotte Arnould.

Le comédien reste célébré sur les réseaux sociaux, et invité d'émissions à fortes audiences telles que *Quotidien* (en 2019 et 2022), *Touche pas à mon poste !* (en 2020) ou encore *La Grande*

Librairie, la prestigieuse émission littéraire de France 5 (en 2022 – ce qui lui vaudra un article du *Monde* saluant « du grand Depardieu »). À chaque fois, il est reçu avec les honneurs, présenté comme un invité « exceptionnel », « le plus grand acteur », un « monstre sacré », et jamais il n'est questionné sur l'affaire ou sur son comportement avec les femmes. Cyril Hanouna l'accueillera d'un chaleureux « Gérard, tu sais pas comment je suis content de te voir, je t'aime tellement ! ». Et, un an et demi plus tard, quand l'animateur abordera dans son émission l'actualité de sa mise en examen, il prendra soin de le défendre : « On a interrogé plein de gens, ils nous disent : "C'est un gentleman." »

Dans les articles consacrés à l'acteur, lorsque son comportement avec les femmes est évoqué, c'est souvent sur le ton de l'humour, ou en minimisant les faits. Il est question de « démesure », de « provocation », d'« excès », d'un homme « bon vivant », « sans limites », « irrévérencieux », un « ogre ». « Gérard est impossible. Trop séduisant avec les femmes, trop écrasant, trop vivant, il dépasse de partout », écrit *Le Monde* dans un portrait de l'acteur en 2013.

En 2018, *Le Parisien* consacre sa une à « l'extravagant M. Gérard » et à sa « saga internationale » en Corée du Nord, Russie et Turquie, dressant le « portrait d'un homme sans tabou », un « grand sentimental », un « écorché vif », qui « se moque de la bien-pensance » et dont la « voix sincère » « dérange un univers policé ». La plainte de l'actrice Charlotte Arnould, pourtant médiatisée un mois plus tôt, est évacuée en quelques lignes dans un court encadré. On trouve aussi dans la presse de réguliers « Top 5 des coups d'éclat » de Depardieu, où son comportement est présenté comme une nouvelle frasque ou provocation.

La même banalisation ressort des récits de femmes qu'a recueillis Mediapart. Lorsqu'elles se sont confiées, à des collègues, à des proches, on leur a rétorqué qu'elles auraient dû réagir fermement. Le « jeter », le « gifler », « lui mettre la main au paquet » en retour. Ou qu'au contraire c'était « de l'humour » et qu'elles étaient « trop coincées ».

D'autres encore se sont vu répondre qu'elles devraient se sentir flattées de « l'intérêt » porté par Depardieu. L'un de ses amis aurait fait remarquer à la scénariste et actrice Alysse Hallali que c'était « la classe de se faire peloter par Depardieu ». La comédienne Sarah Brooks, elle, se serait heurtée à des haussements d'épaules : « On m'a dit : "De toute façon, là où il est, plus personne ne peut rien lui dire." Et c'est ça qui est terrible. »

Sur les vingt réalisateurs et producteurs concernés par notre enquête, neuf n'ont pas répondu. Les onze autres – à l'exception de Fabien Onteniente – affirment n'avoir rien vu ou rien su. Plusieurs mentionnent des propos « grossiers » ou « graveleux » du comédien. À l'image d'Emmanuel Jacquelin, qui déclare ne pas avoir été alerté sur le tournage de la série *Marseille*, et n'avoir rien constaté sur le plateau, si ce n'est « des propos déplacés et vulgaires » du comédien. Il indique cependant à Mediapart que, bien après le tournage, « une actrice s'est plainte ». Ce que confirme le producteur, Pascal Breton : « Elle a saisi le conseil de prud'hommes, elle a été déboutée de l'ensemble de ses demandes et a fait appel. »

Parmi les comédiens, réalisateurs, producteurs interviewés, beaucoup ont minimisé, parlant de « blagues maladroites » sans « intention sexuelle », de propos simplement « vulgaires » lancés « à la cantonade », de « plaisanteries », d'un « personnage haut en couleur ».

Les soutiens de l'acteur participent à cette minimisation. À l'image de Caroline Barclay, vieille amie de Depardieu, qui, dans une émission *people*, raconte « la main aux fesses » que l'acteur lui aurait mise par surprise récemment. Mais elle l'assure, « il provoque » et cela la fait « rigoler ». Et l'actrice de prendre sa défense dans l'enquête pour « viols » : « C'est Depardieu quand même. Donc je pense qu'il y a beaucoup de petites nanas qui peut-être sont aussi très contentes d'aller chez lui, de se laisser draguer. »

C'est également ce qu'a déclaré sur Facebook le célèbre agent et producteur Dominique Besnehard dès la médiatisation de la plainte, assurant que l'enquête allait « se terminer par un psytt [*sic*] » : « À quel moment ces apprenties comédiennes arrivistes vont-elles cesser de proférer des accusations pour se faire connaître ? On connaît tous Gérard Depardieu, c'est un personnage rabelaisien, baroque mais aussi attentionné. »

Ce type de réactions fait bondir la directrice de casting Nathalie Chéron. « À chaque fois, le discours en face consiste à dire : "Encore une petite actrice qui veut se faire de la pub"... Il faut arrêter : il faut du courage pour parler, et les actrices le font en bravant la peur d'être blacklistées et au risque que rien ne se passe. » C'est pour dénoncer ce silence et cette complaisance qu'Alice Godart, cofondatrice de Paye ton tournage (collectif qui recense les violences sexistes et sexuelles dans le monde du cinéma), a décidé d'évoquer la mise en examen de l'acteur à chacune de ses interventions médiatiques. Mais, à l'écouter, ce passage serait « rarement conservé » au montage.

Une star devenue « intouchable »

Cette complaisance française à l'égard de Gérard Depardieu est ancienne. Un épisode l'illustre : les Oscars de 1991. Cette année-là, alors que le comédien est en lice pour la statuette du meilleur acteur, le magazine américain *Time* exhume, dans le cadre d'un portrait, une interview qu'il a accordée en 1978 à la revue *Film Comment*, dans laquelle il évoquait sa participation à son « premier viol » à l'âge de neuf ans, avec son « pote Jackie ». « Après ça, j'ai eu plein de viols, trop pour les compter », y déclarait Depardieu. « Mais il n'y avait rien de mal à cela. Les filles voulaient être violées. Enfin, il ne s'agit pas vraiment de viol. C'est juste l'histoire d'une fille qui se met dans une situation qui lui plaît. »

Questionné par *Time*, l'acteur aurait confirmé ses propos, ajoutant : « Mais c'était absolument normal dans ces circonstances. » À l'époque, Depardieu et ses avocats assurent qu'il s'agit d'une double erreur de traduction, et qu'il a déclaré avoir « assisté » – et non « participé » – à des viols. Le magazine américain soutient alors que les propos du comédien n'ont été « ni mal compris ni mal traduits ».

Que l'acteur ait ou non tenu ces propos dans ces magazines aux États-Unis, le traitement médiatique en France de cet épisode interpelle. Alors que l'affaire suscite un tollé outre-Atlantique en 1991, dans l'Hexagone, elle est évoquée sous l'angle d'une « cabale » pour déstabiliser l'acteur français dans la course aux Oscars. Gérard Depardieu reçoit alors de nombreux témoignages de soutien, dont celui du ministre de la Culture, Jack Lang, qui se dira « indigné par ce coup bas ».

Cette complaisance ne se limiterait pas au comportement du comédien avec les femmes. Durant notre enquête, plusieurs de nos interlocuteurs ont décrit un comédien « se croyant au-dessus de tout » sur les tournages : il arriverait « quand il veut », parfois « très alcoolisé », se permettrait de « roter ou péter pour provoquer », n'apprendrait plus son texte (qui lui est dicté dans une oreillette), et pourrait quitter brusquement le plateau pendant plusieurs heures. « J'avais l'impression que c'était un roi, qu'il fallait applaudir tout ce qu'il faisait », se souvient Hélène Darras, figurante sur le film *Disco*. « Un jour, il a pété lors d'une scène, il y a eu un blanc et tout le monde a rigolé et applaudi. D'autres fois, il a perturbé des prises, parce qu'il était saoul. »

Il en va de même de son attitude en dehors des plateaux, qu'il s'agisse de sa conduite de scooter en état d'ébriété, de son pipi hors des toilettes dans un avion qui s'apprêtait à décoller, de sa proximité avec des dictatures ou régimes autoritaires (Russie, Tchétchénie, Ouzbékistan, Corée du Nord, Cuba, etc.) ou encore de son exil fiscal. Le comédien Philippe Torreton, qui avait dénoncé en 2012, dans une tribune dans *Libération*, ces « sorties de route » de Depardieu, avait essuyé en retour de vives critiques de figures du monde du cinéma et n'avait ensuite « quasiment plus tourné », selon ses dires.

Durant notre enquête, l'acteur de *Cyrano* a été décrit comme « un roi convoité avec sa cour à ses pieds », une star qui serait « intouchable », « déformée par la gloire ». « On lui pardonne ce qu'on ne pardonne plus aux autres : la Russie, son attitude avec les femmes », confirme ce scénariste qui a été témoin du comportement de Gérard Depardieu sur un film mais ne souhaite pas témoigner sous son nom, car il a « peur pour [sa] carrière ». « C'est considéré comme un folklore mythique. Il y a un "oh ça va" global, car il bénéficie d'une sorte d'intouchabilité qui vient de sa culture de la provocation, et aussi de l'immunité de l'icône. »

Cette forme d'« immunité » s'appuie sur plusieurs ressorts, selon nos interlocuteurs. Son immense talent d'acteur bien sûr, mais aussi l'humanité dont il fait parfois preuve sur les plateaux. Plusieurs personnes, y compris celles qui dénoncent son comportement, nous l'ont décrit comme pouvant être « très agréable », « avenant », « gentil », « charmant, voire touchant », « divertissant », « accessible », venant se présenter à chacun, déjeunant avec l'équipe ou rapportant « du supermarché des glaces pour tout le monde ». Certaines personnes ont aussi expliqué avoir du mal à connecter « l'acteur de génie » et « le mis en examen pour viols », soit parce qu'elles lui vouent une grande admiration, soit parce qu'elles l'ont personnellement côtoyé. « Je n'ai pas envie d'aller voir de ce côté-là », a confessé l'une d'elles.

Autre explication : son pouvoir économique dans une industrie où tout le monde se connaît. « Aujourd'hui, on monte encore des films sur le nom de Depardieu ; lui-même a le pouvoir d'aller voir des producteurs pour pousser des premiers films, donc personne ne peut parler », affirme l'actrice Alysse Hallali.

Pour le producteur Emmanuel Jacquelin, si le comédien continue d'être engagé sur des films, c'est sans doute « parce que c'est un immense acteur ; parce qu'à ce jour il n'a pas été condamné par la justice et qu'on peut se demander : suis-je légitime pour décréter qu'il est coupable et qu'il ne doit plus travailler ? ». Mais, pour lui, « le problème est en amont » : « Est-ce qu'il faut l'embaucher ? Car, une fois qu'il est à bord, comme n'importe quel rôle principal, on pourrait difficilement le virer s'il avait des problèmes. Il n'est pas un simple pion qu'on pourrait remplacer, il est le pivot du film et le financement peut être monté sur son nom. » Certains soulignent que la récente mise en place de référents « violences sexuelles » sur les tournages et les formations dispensées aux producteurs par le Centre national du cinéma (CNC) ont renforcé la vigilance.

Il y a une dernière explication, que résume le scénariste cité plus haut : « Depardieu est mythifié. Les Français ont tous un souvenir de film de lui, il a donné de belles émotions. Pour nombre de réalisateurs, il représente l'histoire du cinéma, un ancien monde et d'anciens codes, Gargantua et *Les Valseuses*. C'est la France de Chirac, celle qui pense qu'une petite tape sur les fesses, ça n'a jamais fait de mal. » Nathalie Chéron se souvient s'être un jour vu répondre : « Tu comprends, Depardieu, c'est le terroir et, en France, on ne touche pas au terroir. » Pour la directrice de casting, « tout le monde sait, personne ne fait rien, parce que c'est Depardieu. C'est une star, un grand acteur. Il y a une sorte de résignation ».

Dénoncer enfin l'« omerta »

En février 2022, des voix se sont élevées. Pas en raison du comportement de l'acteur avec les femmes, mais à cause de son amitié avec Vladimir Poutine, au moment où celui-ci lançait une guerre contre l'Ukraine. Sous pression du théâtre qui accueillait ses concerts des chansons de Barbara, Gérard Depardieu a été contraint de dénoncer « les folles dérives inacceptables » du dirigeant russe et d'annoncer qu'il reverserait les recettes de ses représentations « aux victimes ukrainiennes ».

Après la publication de notre enquête, des militantes féministes ont perturbé les concerts de l'acteur dans plusieurs villes.

Gérard Depardieu a également été écarté de la promotion de son dernier film, *Umami*. De son côté, la Société des réalisatrices et réalisateurs de films (SRF) a salué « le courage des techniciennes et comédiennes qui ont témoigné » et invité les « cinéastes, producteurs, techniciens » à « redoubler de vigilance » sur les plateaux, rappelant leur « responsabilité » sur les tournages. La metteuse en scène Andréa Bescond, très engagée dans la lutte contre les violences sexuelles, a dénoncé « une omerta qui dure depuis des décennies dans le milieu du cinéma français ».

Certains ont aussi pris leurs distances. À l'image du réalisateur Fabien Onteniente, qui, après avoir tourné deux films avec le comédien, nous a indiqué qu'il ne l'engagerait plus, en raison de « son comportement avec les femmes » mais aussi de « ses prises de position concernant la Russie et Poutine ». « J'ai une image trop abîmée de lui maintenant, il est un peu devenu la caricature de lui-même, il est sorti de la poésie qu'il pouvait représenter. Tourner est une chose merveilleuse, qui ne doit pas être accompagnée de pleurs et de drames. »

Mais, en dehors de ces rares réactions, le monde du cinéma et ses instances représentatives sont longtemps restés très silencieux. Cinq réalisateurs et producteurs qui ont engagé l'acteur par le passé ont même expliqué au *Parisien* que ni sa mise en examen pour « viols » ni les nombreux témoignages révélés par Mediapart ne changeaient la donne. À l'avenir, ils rêveraient de travailler à nouveau avec lui.

L'AFFAIRE LÉO GRASSET : LES NOUVELLES FRONTIÈRES DE #METOO

Par Lénaïg Bredoux

Dès les premières heures de #MeToo, en octobre 2017, les témoignages publiés sur les réseaux sociaux évoquent des faits de nature très diverse. Le premier message siglé #Balancetonporc, en France, rapporte un propos à connotation sexuelle, dans le cadre professionnel. D'autres décrivent des faits, plus graves, de viols ou d'inceste. Certains, déjà, esquissent des notions qui ont depuis irrigué le débat public : « emprise », « violences psychologiques », « contrôle coercitif », etc.

Aucune n'est tout à fait nouvelle. Le Grenelle des violences conjugales, au début du premier quinquennat d'Emmanuel Macron, a embrassé les « violences psychologiques » au sein du couple. La loi peut les réprimer. Mais #MeToo nous a aussi appris qu'elle ne peut pas tout. Les questions soulevées par celles qui témoignent vont parfois au-delà. Légal ou illégal : ce n'est pas toujours le seul débat. Cela s'entremêle souvent.

Une enquête l'a particulièrement démontré : celle, menée par Mediapart pendant de longs mois, concernant le célèbre youtubeur Léo Grasset. Ce spécialiste de la vulgarisation scientifique a créé sa chaîne, « DirtyBiology », en 2014, comptant jusqu'à 1,3 million d'abonné·es sur YouTube et abordant des questions aussi diverses que « Comment créer une couleur ? », « Le cancer est-il un organisme vivant ? », « Pourquoi le PQ est sous-optimal » ou le plaisir féminin. Il est cocréateur de la chaîne « Vortex », lancée en 2019 et coproduite par Arte, et l'auteur de plusieurs ouvrages : une BD chez Delcourt, avec son frère Colas, *La Grande Aventure du sexe*, ou un essai au Seuil, *Le Coup de la girafe*. Son dernier ouvrage, *Le Grand Bordel de l'évolution*, est sorti en novembre 2021 chez Flammarion.

À la même période, plusieurs femmes se sont adressées à Mediapart. Dans les enquêtes de ce type, il est rarissime de voir arriver à la rédaction quatre personnes qui se sont encouragées à raconter, ensemble, leur histoire. Quelque chose les lie. Quelque chose qui s'est noué pendant le confinement, quand une grande partie de la France s'est retrouvée à l'arrêt. Quelque chose qui relève de la solidarité, de la sororité, d'un chemin commun, précisément parce que ce qu'elles racontent les a souvent séparées des autres et isolées.

Au printemps 2020, plusieurs youtubeuses venues du milieu de la vulgarisation scientifique se rendent compte qu'elles ont eu une mauvaise expérience avec « DirtyBiology », qu'elles ont parfois eu des relations avec lui en même temps, sans le savoir, et qu'un pan de la réalité a semblé leur échapper. Elles revisitent toutes leur histoire, se sentent manipulées et posent des mots sur ce qu'elles estiment avoir subi : des violences psychologiques ou des violences sexuelles.

Contacté à plusieurs reprises au cours de nos enquêtes par l'intermédiaire de ses avocats Fares Aidel et Camille Loyer, Léo Grasset n'a jamais souhaité répondre à nos questions. Il a fait savoir qu'il « conteste fermement les accusations ». Dans une vidéo publiée sur sa chaîne YouTube en novembre 2022, il nie toute violence sexuelle. Il indique avoir « trompé », « menti », évoque des « remords » pour « quelques années chaotiques » et s'en prend aux méthodes supposées de Mediapart. Désormais visé par deux enquêtes préliminaires ouvertes par la justice, l'une pour harcèlement sexuel, l'autre pour viol, il bénéficie de la présomption d'innocence.

Les violences psychologiques, une notion méconnue

Au fil de notre enquête, elles seront finalement plus de quinze à témoigner (à la suite de notre premier article, en juin 2022, d'autres femmes se sont manifestées auprès de Mediapart). Une majorité évoque des « violences psychologiques » ou un comportement « toxique » dans le cadre d'une relation intime. Une thématique encore rarement évoquée en France. Dans leurs récits, il ne s'agit pas seulement d'attitudes qui pourraient être banalement désagréables, mais d'un comportement qui se serait répété à plusieurs reprises et qui aurait eu pour conséquence des dommages physiques et psychiques, avec de forts retentissements dans leur vie personnelle et professionnelle.

D'après ces récits, Léo Grasset serait coutumier de relations virtuelles très intenses, passant par l'envoi de nombreux messages sur une courte période. Ce que les Anglo-Saxons appellent le « *love bombing* », c'est-à-dire le bombardement d'amour, qui peut créer une « dépendance affective très forte » et « submerger d'émotion » celui ou celle qui le reçoit, indiquent les travaux de Gwénola Sueur et Pierre-Guillaume Prigent, spécialistes des violences conjugales.

« On se voit très peu. Mais on se parle vingt-quatre heures sur vingt-quatre, c'est une relation omniprésente », explique ainsi Marine Périn, qui l'a fréquenté en 2018. Jeanne*, une youtubeuse aux centaines de milliers d'abonné·es, raconte ses échanges la même année : « C'était très pernicieux : il y avait des fois où il ne me répondait pas pendant une semaine et ensuite une dizaine de messages en une heure... C'était toujours à son bon vouloir à lui. J'avais l'impression que j'étais à sa disposition. »

Surtout, ces relations très intenses, du moins virtuellement, se doublent, d'après les récits recueillis, de sentiments pour ces femmes de « chauds froids » incessants, où aux périodes de forte intensité succèdent des moments, parfois longs, durant lesquels leur correspondant « disparaît ». Elles racontent des rendez-vous tant espérés, finalement annulés, des soirées programmées, repoussées. Un vécu qui peut « semer la confusion », avec des « injonctions contradictoires » et le sentiment de vivre des choses « qui ne sont pas rationnelles » – ce qu'on appelle parfois le « *gas lighting* », selon Gwénola Sueur et Pierre-Guillaume Prigent.

Des femmes parlent d'une « emprise »

Plusieurs femmes parlent d'une forme d'« emprise » qui s'instaure. Et qui les laisse parfois en « état de choc ». Parmi elles figure une vidéaste à succès : Manon Bril. Docteure en histoire, elle anime sa chaîne de vulgarisation sur YouTube, « C'est une autre histoire ». Elle rencontre Léo Grasset fin 2015, à l'époque où elle se lance sur le média social : « J'ai cinq mille abonné·es, il en a trois cent mille. Il est super intéressant, je flashe sur lui. » Leur relation va durer plusieurs années. Elle est souvent à distance (il vit la plupart du temps à l'étranger), instable (« des hauts et des bas » constants), implicite (leur couple n'est jamais tout à fait officiel), souvent numérique (des échanges de messages).

Ils travaillent parfois ensemble, Léo Grasset contribue à la notoriété montante de Manon Bril. « Il me donne plein de conseils, il me valorise dans mon travail. Il m'intègre dans une communauté. » Mais, dans la vie personnelle, « il m'a mise dans une insécurité émotionnelle énorme », dit-elle. Fin 2017, Léo Grasset met fin à cette relation. « Et c'est parti pour deux ans d'une rupture continue », selon la vidéaste. Elle raconte qu'elle va mal. Sa mère tombe gravement malade. Lui réapparaît au moment où elle est vulnérable ; il est présent auprès d'elle mais s'éloigne « à chaque fois que ça devenait un peu trop ». « Il m'a kidnappée émotionnellement », explique-t-elle.

La jeune femme s'enfonce. À l'automne 2018, elle est en dépression. Elle consomme des anxiolytiques et des antidépresseurs. Elle prend du poids, elle a des « trous de mémoire », elle pleure « tous les jours », elle fait du psoriasis, se bloque le dos... Elle voit Léo Grasset de temps en temps, puis il disparaît à nouveau. En janvier 2018, le youtubeur écrit : « Ça me dévaste de voir l'impact de notre relation sur ta santé. » En mars, elle écrit : « Toute l'année a été comme ça, t'as soufflé le chaud et le froid en permanence. »

« Manon, c'est une boule de joie, de soleil, d'énergie incroyable. Au fur et à mesure des années, j'ai vu la lumière qui s'éteignait », raconte son amie et collègue Lucie. Longtemps, elle a pensé qu'elle assistait à une histoire impossible entre deux êtres pas « prêts l'un pour l'autre ». Aujourd'hui, elle estime qu'il « ne lui a pas juste brisé le cœur, il l'a détruite ». Manon Bril finit par couper toute communication avec Léo Grasset en avril 2020. Peu avant, elle a découvert l'infidélité. Peu après, elle a recueilli les paroles de plusieurs femmes. « C'est la sidération », dit-elle.

« Un comportement très collant » à la rupture

Maud* a été dans un couple stable et officiel avec Léo Grasset. Une relation installée qui a duré trois ans, de 2016 à 2019. « J'ai réalisé que j'avais été victime de [violences psychologiques], sans vraiment m'en rendre compte », explique-t-elle aujourd'hui. Comme les autres, elle raconte les « changements de plan constants », « l'attente qu'il revienne ». Lui repart, revient, « tout ça avec des déclarations enflammées ». Après leur rupture, Léo Grasset s'agace régulièrement de la distance instaurée par son ancienne compagne, comme le montrent des messages envoyés sur Instagram, entre août et octobre 2021. Maud finit par le bloquer. À plusieurs reprises, elle lui signifie poliment son malaise.

Le 9 avril 2022, il lui adresse par courriel une nouvelle de plusieurs pages sur leur relation amoureuse et leur rupture. Quatre jours plus tard, sur Messenger, Maud lui écrit : « Désolée je vais être franche mais là je me sens vraiment oppressée Léo. [...] Je veux que ça soit clair qu'on se remettra pas ensemble. Voilà j'essaye de pas te faire du mal et d'être compréhensive mais là j'ai besoin d'espace. » « Je tiens juste à ce qu'on discute », répond Léo Grasset, qui s'excuse. Leur dernier échange date du

17 juin 2022. À 12 h 39, Léo Grasset écrit : « Je viens de recevoir un mail de Mediapart. »

Fin 2017, Diane* met fin volontairement à la relation à distance dans laquelle elle s'est lancée avec Léo Grasset quelques mois plus tôt. À la rupture, elle décrit « un comportement très collant, à base d'appels, de messages » et parfois de cadeaux, qui devient « anxiogène ». « Il peut être très drôle, il a une belle rhétorique. Mais quand ça va pas, c'est un mec malaisant », affirme-t-elle.

Le vidéaste de la chaîne « DirtyBiology » est également visé par une enquête préliminaire, ouverte en juillet 2022 après la plainte pour « harcèlement sexuel » déposée par la youtubeuse Clothilde Chamussy, de la chaîne « Passé sauvage », consacrée à l'archéologie, l'anthropologie et l'histoire. Léo Grasset l'aurait qualifiée de « sac à foutre », dans le cadre professionnel, après avoir tenu plusieurs fois des propos à connotation sexuelle. Ce qu'il nie.

Une enquête ouverte pour viol

Le célèbre vidéaste serait allé encore plus loin. Trois femmes nous ont fait part d'un rapport trouble au consentement sexuel de la part de Léo Grasset. Surtout, deux témoignages évoquent des faits qualifiés de viol. Léa, une étudiante en journalisme alors âgée de vingt-deux ans, a déposé plainte à Paris à la fin novembre 2022. Les faits qu'elle dénonce remonteraient à la nuit du 1er au 2 novembre 2021, lors de laquelle Léo Grasset l'aurait pénétrée alors qu'elle s'était endormie. « Je me réveille en sursaut. [...] Je suis tétanisée », explique la jeune femme dans sa plainte qui évoque ensuite un « trou noir ». « Les faits dénoncés rappellent que l'absence de consentement, ce n'est pas forcément des coups et des hurlements. C'est aussi la surprise ou l'autorité », estime son avocate, Pauline Rongier.

Ces faits font l'objet d'une enquête préliminaire pour viol ouverte par le parquet de Paris. Les policiers en charge de l'enquête ont procédé à de nombreuses auditions. Dont celle de Lisa*, dont nous avions révélé le récit en juin 2022. Youtubeuse à succès, elle n'a pas souhaité porter plainte. Elle ne s'en sent pas la force, a-t-elle dit à ses proches. Mais elle qualifie ce qu'elle affirme avoir vécu une nuit de la fin juillet 2016 de « viol ». Lisa décrit une scène violente, au cours de laquelle celui avec qui elle flirte depuis un moment l'aurait pénétrée de force. « J'ai eu excessivement peur », raconte Lisa, en larmes durant tout le récit qu'elle fait à Mediapart. Elle aussi parle d'un « trou noir » et dit s'être sentie en « état de choc ».

Léa et Lisa disent toutes les deux souffrir depuis de nombreux troubles psychologiques ou dans leur sexualité – elles ont toutes les deux été suivies par des psychiatres. Léa a dû interrompre ses études. L'histoire de Lisa, elle, s'est doublée d'importantes difficultés professionnelles : parallèlement à son histoire trouble avec Léo Grasset, elle a été la cible du youtubeur et de ses proches pendant plusieurs années. Ils et elles, critiques de son travail, ont peu à peu organisé son isolement dans leur tout petit milieu.

« Léo porte une énorme responsabilité dans la décrédibilisation de [Lisa]. Il nous l'a présentée systématiquement comme une mythomane, et il a fini par réussir à la faire passer pour une folle incompétente », se souvient, sous couvert d'anonymat, l'un des précurseurs de la vulgarisation scientifique sur YouTube. Ainsi, quand Lisa évoque sur Twitter, en février 2019, avoir été victime de violences sexuelles, elle n'est pas crue par beaucoup. « Je me méfie parce que je pense qu'elle est capable d'instrumentaliser tout ça à son profit », écrit par exemple un vidéaste, pilier du secteur, sur un groupe d'échanges entre youtubeurs consulté par Mediapart.

Parmi les adversaires les plus farouches de Lisa, on trouve alors Manon Bril. Elle se souvient : « Très vite, on lui construit une réputation de meuf qui triche, de meuf malhonnête. » Or la « réputation » est cruciale sur YouTube – tous et toutes le savent. À l'époque, l'animatrice de « C'est une autre histoire » est persuadée d'être dans le vrai. C'est en 2020, lors de ce repos forcé du confinement, que l'édifice s'est effondré. Depuis, Lisa et Manon Bril se sont parlé des heures durant. Elles se soutiennent l'une l'autre. Elles pleurent parfois en s'écoutant. Manon, surtout. « On s'est tellement haïes, enfin surtout moi. Dans cette horreur, nous vivons aujourd'hui une vraie expérience de sororité. »

LE DILEMME DES MUSULMANES

Par Faïza Zerouala

Les victimes de violences sexuelles se heurtent souvent aux mêmes mécanismes : la sidération, le déni, la suspicion du mensonge, la peur d'être rejetée... Parmi les freins à la parole, la crainte de briser des collectifs ou d'affaiblir des personnes déjà fragiles occupe une place importante. C'est vrai dans les familles, dans les partis politiques, au travail. C'est vrai évidemment aussi au sein des communautés victimes du racisme et/ou de l'islamophobie.

Après ce qu'elle qualifie de longue « amnésie traumatique », Assiya, trente-deux ans, a fini par déposer plainte contre l'homme qui l'a violée lorsqu'elle avait sept ans. Elle s'est d'abord tue à cause du tabou lié à la sexualité dans son milieu, pourtant « pas totalement traditionnel ». Elle ne se sentait pas en confiance pour parler de son agression à sa famille. Puis, lorsque ses souvenirs lui sont revenus, à l'âge adulte, cette infirmière musulmane d'origine malienne a hésité à se tourner vers la justice : son agresseur habitait dans la même cité qu'elle à l'époque de son viol. Celle où les siens vivent toujours, et leurs mères, de la même ethnie, sont encore amies aujourd'hui. « Elles ont recréé une forme de communauté dans le quartier, et je ne savais pas quel impact ça pouvait avoir sur leur relation, donc ça me refroidissait, parce que je n'avais pas du tout envie que nos mères se retrouvent au milieu de ça. » La jeune femme craignait aussi d'être pointée du doigt dans le quartier ou d'être accusée de mentir.

« C'était un combat qui, dès le départ, me semblait perdu d'avance, je risquais beaucoup trop à porter plainte. » Après réflexion et au fil de sa thérapie, Assiya change d'avis, mais sa plainte est classée sans suite. Elle saisit cependant la Commission d'indemnisation des victimes d'infraction (CIVI), qui la reconnaît comme victime en mars 2023.

Les témoignages comme celui d'Assiya sont légion, explique l'association féministe Lallab, qui a lancé en 2023 une campagne contre les violences intracommunautaires, c'est-à-dire perpétrées au sein de la communauté musulmane ou par des hommes racisés. L'objectif : dénoncer une « omerta », ou une injonction au silence au nom de la préservation d'autres luttes comme le combat antiraciste. Parfois, les victimes s'astreignent d'elles-mêmes à ce silence, de peur que leur vécu soit instrumentalisé. Cette injonction est profondément intériorisée, et très tôt.

La crainte d'alimenter les préjugés islamophobes

Ce fut le cas pour Hajer*. À l'âge de douze ans, elle est victime d'une agression sexuelle par un membre éloigné de la famille, un homme lui aussi musulman. Ses parents le connaissent. À l'époque, elle ne dit rien. « L'islamophobie se joue aussi dans ce qu'on porte sur nos épaules », raconte la trentenaire. « Je voulais être la parfaite femme musulmane. J'avais le sentiment que je ne devais pas alimenter l'image négative de la communauté, surtout vis-à-vis des hommes musulmans. » L'agression s'est déroulée juste après le 11 septembre 2001, dont l'onde de choc a contribué à délier la parole raciste et islamophobe. Elle ne souhaitait pas en rajouter.

Anaïs* a ressenti des freins identiques à ceux d'Hajer. Plusieurs mois durant, au printemps 2020, cette étudiante a subi une relation abusive avec un homme de la même confession. Une histoire vécue à distance et ponctuée de violences psychologiques, selon son récit. « Il mobilisait des arguments religieux contre moi par exemple. Je ne porte pas le voile et lui exigeait que je le fasse. Il utilisait la religion pour me convaincre, en me disant : “Si tu ne portes pas le voile, c'est que t'es une mauvaise musulmane, c'est que tu ne dois pas vraiment être croyante.” »

Anaïs n'a parlé de cette relation qu'à très peu de personnes. Elle ne voulait pas accréditer le cliché « de l'extrême droite » selon lequel les femmes musulmanes seraient contraintes par les hommes de porter le voile. « Comment parler de ça à des personnes non musulmanes, sans recevoir des remarques islamophobes du type : “Ta religion est sexiste”, “Les hommes musulmans sont tous des oppresseurs” ? En parler à des personnes musulmanes est aussi très difficile, car on est facilement culpabilisée d'avoir entretenu cette relation ou de ne pas l'avoir directement bloquée. »

Lisa*, trente ans, a pour sa part vécu six ans de relation abusive avec un homme racisé non musulman et a été agressée par un collègue de confession musulmane. Ni dans un cas ni dans l'autre, elle n'est allée déposer plainte. Aujourd'hui, elle témoigne pour dénoncer « ce piège » des violences intracommunautaires. « On se retrouve parfois à sous-estimer la violence de nos propres frères et sœurs. Parce qu'ils ou elles sont discriminé·es, minorisé·es, connaissent beaucoup de violences policières, des choses très, très dures, on a tendance à les défendre à cause de l'islamophobie et à oublier, finalement, qu'on est nous-mêmes victimes. »

« Le silence ne nous protège pas »

Romy Dematons, chercheuse en sciences politiques et autrice de *Décoloniser les progressismes en islam* (Éditions Calem, 2021), explique que les violences intracommunautaires recouvrent une réalité très large : les violences sexistes et sexuelles, mais aussi la négrophobie, le validisme (qui concerne les personnes en situation de handicap), la queerphobie et toute forme de discrimination faite par des personnes musulmanes ou de cette culture envers d'autres personnes musulmanes ou de cette culture. Les difficultés à dénoncer ces violences se nourrissent de ce qu'on appelle l'« homonationalisme », ajoute Romy Dematons, un concept forgé par la théoricienne queer américaine Jasbir K. Puar. « Ce terme désigne justement la façon dont certaines personnes racistes et islamophobes vont homogénéiser les musulmans en faisant croire que l'homophobie serait quelque chose qui viendrait de l'islam, alors que, tout comme le sexisme, le patriarcat, etc., l'homophobie est partout. Elle n'est pas seulement présente au sein des communautés musulmanes. »

Raya*, vingt-cinq ans, connaît bien la question. Bénévole à l'association Lallab, elle a grandi dans un pays arabe et est venue en France pour ses études. Cette femme lesbienne a été choquée à son arrivée de découvrir que le sexisme, le patriarcat et l'homophobie étaient considérés comme intrinsèques à la communauté musulmane. Elle-même a été confrontée à des propos homophobes dans sa famille. « Je pense que j'évite de les dénoncer très souvent pour ne pas rentrer dans certains clichés. De manière générale, en France, j'évite de parler d'homophobie ou de sexisme dans ma société d'origine ou dans ma famille, que ce soit dans le cadre de mes études ou dans le cadre d'échanges plus informels avec des personnes blanches. »

« On entend souvent qu'il faut laver son linge sale en famille ou qu'il ne faut pas trahir la cause », poursuit Sarah Zouak, cofondatrice et directrice de Lallab. « Cette façon de penser ne fait que renforcer l'impunité des agresseurs au sein de nos communautés puisqu'ils s'en servent pour nous faire taire. Certains se livrent à ce qu'on appelle de l'abus spirituel, c'est-à-dire qu'ils profitent de leur statut, utilisent la religion pour manipuler et contrôler les femmes. On l'a vu avec Tariq Ramadan par exemple ou dans l'affaire de cet imam de Montpellier accusé d'agressions sexuelles sur sa belle-fille. »

Cette proximité et cette aura religieuse complexifient l'appréhension de ces agressions. La chercheuse Romy Dematons rapproche la difficulté des femmes musulmanes à dénoncer ces violences intracommunautaires à celle des victimes d'inceste qui hésitent à accabler les membres de leur famille. Le conflit de loyauté est profond. « Dans la notion de loyauté, il y a une notion de confiance, de fidélité, de "je dois te couvrir", "je dois mettre sous le tapis tout ce qui te concerne puisque tu es mon frère", etc. » Pour s'en défaire, Sarah Zouak, à Lallab, convoque la poésie : « Comme le disait la poétesse et militante féministe Audre Lorde, le silence ne nous protège pas. »

CHAPITRE II

EN POLITIQUE, DES VIOLENCES ENDÉMIQUES, UN SEXISME QUOTIDIEN

HULOT, DARMANIN, ABAD : DES AFFAIRES AU CŒUR DE L'ÉTAT

Par Marine Turchi

Au gouvernement, les affaires #MeToo se succèdent, et les réactions d'Emmanuel Macron ne varient pas d'un iota. Ainsi en a-t-il été lors des révélations visant les ministres Gérald Darmanin, Nicolas Hulot et Damien Abad. Dans les trois cas, les accusations, contestées par les intéressés, portaient sur des faits d'une immense gravité – il s'agit de récits ou de plaintes dénonçant des viols, soit un crime passible d'une cour d'assises.

En 2018, Gérald Darmanin, alors ministre du Budget, a été visé par deux plaintes, l'une pour « viol », l'autre pour « abus de faiblesse », qui ont été classées sans suite. Dans les deux cas, des femmes sont venues lui demander de l'aide (une ex-militante de l'UMP [Union pour un mouvement populaire] pour son dossier judiciaire ; une habitante de Tourcoing pour son logement) et l'ont accusé d'avoir utilisé son pouvoir pour obtenir des faveurs sexuelles en échange d'une intervention de sa part.

De son côté, Nicolas Hulot, qui fut ministre de la Transition écologique (2017-2018), a été accusé de violences sexuelles par six femmes, dans deux enquêtes journalistiques, l'une en 2018, l'autre en 2021. Deux enquêtes judiciaires ont été ouvertes (en

2008, bien avant la révélation de l'affaire, et en 2021), l'une et l'autre classées sans suite en raison de la prescription des faits.

Enfin, l'éphémère ministre des Solidarités (2022) Damien Abad a été accusé de viol ou de tentative de viol par trois femmes dans des enquêtes de Mediapart publiées en 2022. L'une d'elles a porté plainte en juin 2022, provoquant l'ouverture d'une enquête préliminaire, puis, un an plus tard, d'une information judiciaire sous l'égide d'une juge d'instruction. Toutes trois comptent se constituer partie civile.

La justice comme seule boussole

Au moment de ces accusations, aucun des trois ministres n'a démissionné. Gérald Darmanin a été promu ministre de l'Intérieur par la suite. Nicolas Hulot n'a quitté le gouvernement que huit mois plus tard, en invoquant un manque d'engagement de l'exécutif sur les questions écologiques. Quant à Damien Abad, il a été nommé en mai 2022 malgré un signalement pour viol ; il n'a pas été reconduit un mois plus tard lors du remaniement ministériel, mais a été élu, fin 2022, à la tête du groupe d'amitié France-Liban à l'Assemblée nationale.

Sous la Vᵉ République, cela n'a pas toujours été la règle. En 2011, en pleine affaire « DSK », Georges Tron, alors ministre de Nicolas Sarkozy, avait immédiatement démissionné du gouvernement après le dépôt de deux plaintes – il a depuis été définitivement condamné pour viol et agressions sexuelles.

Emmanuel Macron, quant à lui, a adopté une attitude constante. Selon lui, la seule réponse est judiciaire : les femmes doivent porter plainte et il faut attendre l'éventuelle sanction d'un tribunal pour démettre un ministre. À prendre un autre chemin, « notre démocratie change de nature, elle devient une démocratie d'opinion », expliquait le chef de l'État en 2020. En novembre 2017, déjà, lors de l'onde de choc #MeToo, il avait expliqué qu'il ne voulait pas d'« une société de la délation ». « Partout, le droit doit passer », avait-il insisté. L'année suivante, alors que deux de ses ministres étaient mis en cause, il mettait en garde contre une « forme de République du soupçon ».

C'est aussi le discours que tient l'ensemble du gouvernement. « La justice est la seule à devoir ou à pouvoir trancher », a répété la porte-parole du gouvernement, Olivia Grégoire, au moment des révélations de Mediapart sur Damien Abad. « C'est à la justice de faire son travail », a réagi le ministre de l'Économie et numéro deux du gouvernement, Bruno Le Maire.

Une présomption d'innocence dévoyée

De ce raisonnement découle un argument, de même nature, celui du respect de la présomption d'innocence. En juin 2022, lorsqu'une lycéenne demande à Emmanuel Macron, en déplacement dans le Tarn, pourquoi il place « à la tête de l'État des hommes qui sont accusés de viols et de violences sur les femmes », celui-ci répond : « Je suis pour la libération de la parole, je l'ai accompagnée. Mais, pour fonctionner en société, vous devez avoir de la présomption d'innocence. »

Quand des élu·es et militantes féministes se sont insurgé·es de la promotion de Damien Abad à la tête du groupe d'amitié France-Liban, la patronne des député·es Renaissance, Aurore

Bergé, a fermé la discussion en brandissant ce principe de droit : « Il y a la présomption d'innocence qui s'applique pour un homme qui a toujours nié les faits qui lui sont reprochés. Ou alors on passe d'un régime de présomption d'innocence à un régime de présomption de culpabilité. Et là on sort de l'État de droit et on sort de la démocratie. »

Dans l'« affaire Gérald Darmanin », ce principe a aussi été agité par des ministres et élu·es chaque fois que sa démission a été réclamée. « Il a le droit, comme tout citoyen, à la présomption d'innocence », défendaient cent soixante-sept parlementaires de la majorité dans une tribune parue dans *Le Monde* en 2020.

Personne, pourtant, pas même chez les militantes féministes les plus radicales, ne remet en cause la présomption d'innocence, principe fondamental du droit pénal. Personne, non plus, ne veut d'une société qui emprisonnerait sans jugement, sans procès, sans contradictoire. Mais, dans ces affaires, la présomption d'innocence est souvent détournée de son véritable sens. Ce principe – qui signifie que tant que l'accusé n'a pas été déclaré coupable il est considéré comme innocent – s'applique uniquement dans la sphère judiciaire. En clair, seuls ceux qui font l'objet d'enquêtes pénales sont présumés innocents. En 2021, le magistrat Rémi Crosson du Cormier, avocat général près la cour d'appel de Paris, nous avait expliqué qu'il entendait aujourd'hui « des définitions aberrantes » de la présomption d'innocence, où l'on appuyait « beaucoup sur le deuxième mot et peu sur le premier ». Or, « un présumé innocent n'est pas un innocent. C'est une règle pénale : "Monsieur, asseyez-vous, je vais vous démontrer que vous êtes coupable, si je n'y arrive pas, il ne se passera rien." »

Mais, surtout, la présomption d'innocence n'est pas un principe qui écrase tout sur son passage : elle n'est ni une assignation au silence ni une vertu morale qui doit censurer le débat public et l'expression des opinions. Elle est constamment à mettre en balance avec d'autres principes fondamentaux, comme la liberté d'expression et d'information. Enfin, elle n'empêche ni les mesures conservatoires ni la mise en retrait. La justice peut prendre des mesures sans attendre la fin de la procédure (interdire le mis en cause d'exercer certaines professions, le placer en détention provisoire, etc.). Les institutions, les entreprises, les partis politiques peuvent prendre des sanctions disciplinaires, professionnelles, sociales. Tout cela est indépendant d'éventuelles plaintes pénales.

L'éthique, la déontologie, la morale comptent aussi

Mais la principale erreur est ailleurs : elle réside dans le fait d'instituer la justice pénale comme lieu unique du traitement politique des violences sexistes et sexuelles. Bien sûr, il revient à l'institution judiciaire de faire appliquer le droit et de condamner, ou pas, les personnes mises en cause. Mais une démission ne dépend pas du code pénal. Les décisions politiques ne peuvent pas se prendre seulement en vertu de la loi et du prisme judiciaire. L'éthique, la déontologie, la morale comptent aussi lorsqu'il s'agit de promouvoir, de mettre en avant un homme politique. Ministre, député ne sont ni un métier ni un titre : c'est une fonction que l'on occupe un temps, au nom du peuple français. Tout choix est donc éminemment symbolique.

Dans le cas de Gérald Darmanin, il a été promu ministre de l'Intérieur – un portefeuille qui comprend la lutte contre les violences sexuelles et sexistes – alors qu'il était encore visé par une plainte pour viol. Ce qui le plaçait en outre à la tête des policiers en charge de l'enquête le visant... Son cas pose aussi la question de l'usage que fait un élu – devenu ministre – de son pouvoir. Car, lors de ses auditions, Gérald Darmanin n'a contesté ni les relations sexuelles (qu'il estime consenties) avec les deux femmes venues lui demander de l'aide ni les courriers d'intervention en leur faveur.

Nommer, promouvoir ou maintenir en poste des hommes mis en cause pour des faits aussi graves, par des accusations aussi étayées, est violent : le message envoyé est nécessairement celui de l'indifférence, voire de l'impunité, face à un phénomène social qui touche toute la société.

Derrière l'accusation de « tribunal médiatique »

Prendre la justice comme seule boussole a une autre conséquence : dénier à la presse le droit de faire son travail d'information sur les violences sexuelles. Depuis le mouvement #MeToo a fleuri l'accusation de « tribunal médiatique ». Le but des contre-pouvoirs comme la presse ne devrait pas être de « détruire ceux qui exercent le pouvoir », a déclaré Emmanuel Macron lors des révélations médiatiques concernant Gérald Darmanin et Nicolas Hulot. « La justice ne se rend pas sur les plateaux télés », a martelé le garde des Sceaux Éric Dupond-Moretti, lors de l'enquête d'« Envoyé spécial » sur l'écologiste, pointant un « tribunal médiatique », dans lequel il place pêle-mêle « la justice médiatique, la justice de la rue, la justice sur les réseaux sociaux ».

À les écouter, la presse ne serait pas légitime à enquêter. Elle devrait elle aussi avoir pour seul calendrier, celui de la justice. Le travail des médias est pourtant différent de celui de l'institution judiciaire. Les journalistes ne sont ni policier·es ni magistrat·es, ils ne décrètent pas les coupables et ne sont pas tenus par la prescription. Ils informent sur un sujet d'intérêt général, comme ils le font sur le financement de la vie politique, les violences policières, l'évasion fiscale, la corruption, les scandales environnementaux, etc. Pourquoi devraient-ils, sur les violences sexistes et sexuelles, faire silence ?

Ce sujet illustre au contraire le rôle essentiel que peut jouer la presse en démocratie. Face à la chape de plomb posée sur les crimes sexuels, elle peut contribuer à briser l'omerta et amener les victimes à parler – ou surtout à être entendues. Qu'aurait-on su des agissements du puissant producteur Harvey Weinstein sans le travail minutieux du *New York Times* et du *New Yorker* ? « #MeToo est sorti de la presse écrite. C'est l'honneur de la presse de pouvoir publier ces enquêtes documentées, qui mettent au jour des problèmes qu'on ne connaissait pas, ou peu, avant », nous avait expliqué l'historienne Laure Murat, autrice en 2018 d'un essai intitulé *Une révolution sexuelle ? Réflexions sur l'après-Weinstein* (Stock).

Bien au-delà du cas Weinstein, ces enquêtes de presse ont entraîné une mobilisation mondiale de la société, sur les réseaux sociaux notamment, quand les autres institutions (judiciaire, politique, d'entreprises, associative ou syndicale) montraient leurs défaillances dans la prise en charge de ces violences. C'est précisément parce que les institutions dysfonctionnent qu'il est important que les médias se penchent sur le sujet. Par l'électrochoc que peuvent constituer certains dossiers emblématiques, ils participent à la mise à l'agenda politique de ce gigantesque problème de santé publique, voire à des changements culturels, judiciaires, institutionnels.

Si les médias sont attaqués, c'est parce que le sérieux de ces enquêtes est souvent un caillou dans la chaussure des personnalités et institutions mises en cause, habituées à maîtriser leur communication. Pour l'historien des médias Alexis Lévrier, « c'est parce que son travail d'enquête est solide et inattaquable qu'on accuse la presse de se substituer à la justice ». « Tribunal médiatique plus atteinte à la présomption d'innocence, cela veut dire "taisez-vous" », résumait pour sa part à Mediapart l'avocate Valence Borgia, cofondatrice de la Fondation des femmes.

La loi oblige l'employeur à agir

Le renvoi systématique vers la seule institution judiciaire soulève, enfin, une contradiction au sein même du discours d'Emmanuel Macron et de son parti, Renaissance. Car ce sont les mêmes qui ont défendu, depuis 2017, l'octroi de moyens supplémentaires pour lutter contre les violences de genre, et qui ont incité à les combattre dans l'ensemble des cadres prévus par la loi. En témoigne ce document, daté de 2019, que l'on trouve sur le site du ministère du Travail. Intitulé *Harcèlement sexuel et agissements sexistes au travail : prévenir, agir, sanctionner*, ce guide pratique et juridique rappelle un principe : « L'obligation d'agir contre le harcèlement sexuel. »

Dans le monde du travail, l'employeur ne peut pas se comporter comme Emmanuel Macron à l'Élysée : face à des accusations, il ne peut pas dire qu'il s'en remet à la justice pénale. Il doit engager une « politique de prévention » – au risque d'être condamné au paiement de dommages-intérêts. Il doit aussi « agir rapidement » face au signalement d'un fait fautif : en cas de suspicion de violences sexuelles, il doit lancer une enquête interne. Avant, éventuellement, de sanctionner la personne mise en cause. Cette procédure est indépendante de l'existence, ou non, d'une plainte pénale.

Autre exemple : le guide de l'Inspection générale de la police nationale (IGPN) sur l'enquête administrative, à laquelle peuvent aussi être soumis·es des fonctionnaires soupçonné·es de faute. On peut y lire ceci : « Le manquement professionnel et déontologique ne vaut pas infraction pénale. En conséquence, il paraît important d'abandonner, dans les enquêtes administratives, une propension à conclure sur une qualification de nature pénale des faits pour privilégier une analyse en termes de manquements professionnels et/ou déontologiques. »

La ligne illisible du gouvernement

Même lorsqu'il prend la justice comme seule boussole, le gouvernement n'est pas toujours cohérent. Ainsi, en 2018, au moment des premières révélations concernant Nicolas Hulot, la secrétaire d'État à l'Égalité entre les femmes et les hommes, Marlène Schiappa, estime, dans une tribune publiée dans *Le Journal du dimanche*, que « c'est à la justice de travailler ». Mais, dans le même texte, elle souligne que le ministre a la confiance du gouvernement, que c'est « un homme charmant », « respectueux », qu'il porte « un combat majeur pour l'avenir de la planète » et qu'elle pense à « son épouse et ses enfants ».

Deux ans et demi plus tard, elle prend aussi la défense de Gérald Darmanin, dont la nomination place Beauvau est décriée, en expliquant que « jamais [elle] n'aurai[t] accepté de travailler avec un homme reconnu coupable de viol » et qu'il a bénéficié de « trois non-lieux en justice » – alors même que l'affaire est encore en cours à ce moment-là.

Emmanuel Macron lui-même, tout en renvoyant vers la justice, n'a, à chaque fois, pas pu s'empêcher de soutenir publiquement ses ministres. Il a décrit Gérald Darmanin comme « un responsable politique qui est intelligent, engagé, qui a aussi été blessé par ces attaques » et a expliqué avoir eu avec lui « une discussion », dans « une relation de confiance, d'homme à homme ». Même chose s'agissant de Nicolas Hulot, qu'il a dépeint comme « un homme manifestement blessé », qui « a nié avec beaucoup de force » les accusations lors de leur échange.

Dans l'affaire Damien Abad, la Première ministre Élisabeth Borne avait fixé une ligne de conduite bancale après nos révélations : « S'il y a de nouveaux éléments, si la justice est à nouveau saisie, on tirera toutes les conséquences », avait-elle déclaré. Pourtant, un signalement dénonçant un viol avait déjà été adressé au parquet de Paris en mai 2022 et le ministre avait, en 2017, déjà été visé par une plainte pour viol (classée sans suite après des investigations peu approfondies). Un ministre pourrait donc être démis si plusieurs plaintes sont déposées ?

Ces différentes situations posent une question plus large : quand un homme politique démissionne-t-il ? Ni lorsqu'il fait l'objet d'une enquête judiciaire, comme le ministre de l'Intérieur Gérald Darmanin. Ni lorsqu'il est définitivement condamné, comme Jérôme Peyrat, conseiller d'Emmanuel Macron un temps pressenti comme candidat aux législatives malgré sa condamnation pour violences conjugales. Ni lorsqu'il est mis en examen, comme Éric Dupond-Moretti (dans une affaire qui concerne des accusations de prise illégale d'intérêts). En la matière, la ligne d'Emmanuel Macron est illisible.

L'AFFAIRE QUATENNENS, LE MALAISE DE LA GAUCHE

Par Lénaïg Bredoux et Mathieu Dejean

À regarder Emmanuel Macron s'empêtrer dans ses discussions « d'homme à homme » avec ses ministres mis en cause pour des violences sexuelles, les forces de gauche ont peut-être cru échapper à la révolution #MeToo. Elles auraient dû savoir que c'était illusoire. Ne l'ont-elles pas expérimentée avant les autres ? Quand Dominique Strauss-Kahn a été arrêté en 2011 aux États-Unis après une plainte pour viol, il faisait figure de favori du Parti socialiste (PS) pour l'élection présidentielle organisée l'année suivante. Et, dix-mois avant #MeToo, l'affaire Denis Baupin, du nom du vice-président écologiste de l'Assemblée nationale, révélée par Mediapart et France Inter, avait déjà provoqué une onde de choc chez Europe Écologie-Les Verts (EELV). Depuis l'automne 2017, les témoignages des petites mains des partis politiques, dans les QG, à l'Assemblée, au Sénat, dans les exécutifs locaux et régionaux, n'ont pas fait de détails : toutes les forces politiques sont concernées, toutes ont des « affaires » à gérer.

Mais, à la gauche du président de la République, les formations politiques pouvaient au moins se targuer d'avoir pris le sujet au sérieux. Même si c'était en ordre dispersé, parfois confusément, toutes les formations politiques de gauche et écologistes ont mis en place des procédures internes, des mails d'alerte ou des cellules d'écoute – la droite et l'extrême droite, quant à elles, s'y sont toujours refusé, s'en remettant essentiellement à la justice pénale. Elles ont tenté d'inscrire dans leurs statuts l'incompatibilité entre des dénonciations de violences sexistes et sexuelles et l'appartenance à un mouvement progressiste, œuvrant pour les droits des femmes. De fait, du Parti socialiste au Nouveau Parti anticapitaliste (NPA), des militants ont été exclus, définitivement ou temporairement, ou rappelés officiellement à l'ordre. Dans tous les partis, des hommes ont perdu des investitures.

À elle seule, l'affaire Adrien Quatennens a montré le chemin qu'il reste à parcourir. Elle a illustré les hésitations et les réticences face à #MeToo, le poids des fidélités militantes, la hiérarchie des valeurs entre des dirigeants de gauche jugés particulièrement brillants et une condamnation pour violences conjugales.

Le soutien sans réserve de Mélenchon

À Valence (Drôme), en cette fin d'août 2022, Jean-Luc Mélenchon consulte. Sous sa tente des Amfis, l'université d'été de La France insoumise (LFI), l'ancien candidat à la présidentielle reçoit la militante féministe Caroline De Haas. Quelques mois plus tôt, elle a appelé à voter pour lui et a milité activement pour la Nouvelle Union populaire écologique et sociale (Nupes). L'entretien dure une heure et demie. L'avenir de la gauche, le féminisme, #MeToo : tout y passe. LFI et Egaé, l'entreprise de conseil et de formation fondée par Caroline De Haas, topent pour deux sessions de formation. La première a déjà lieu aux Amfis, notamment pour les collaborateurs et collaboratrices parlementaires. La seconde est prévue le 21 septembre et concerne, cette fois, l'ensemble des député·es LFI à propos des violences sexistes et sexuelles. « Je tiens à ce que tous les députés soient présents », a indiqué la présidente du groupe, Mathilde Panot, à Mediapart. La session se déroule finalement dans un climat glacial.

Trois jours plus tôt, le 18 septembre, Adrien Quatennens, le numéro deux du mouvement, souvent présenté comme le dauphin de Jean-Luc Mélenchon, a annoncé se mettre « en retrait » de ses responsabilités nationales : il n'est plus à la tête du mouvement, ni membre du bureau du groupe à l'Assemblée nationale. En cause : l'enquête préliminaire que vient d'ouvrir le parquet de Lille (Nord) pour violences conjugales. Le député a lui-même reconnu plusieurs gestes violents dont une « gifle », et « de trop nombreux messages à [son] épouse pour tenter de la convaincre que [leurs] difficultés de couple pouvaient être dépassées ».

Sa longue lettre est saluée par plusieurs dirigeants Insoumis, au premier rang desquels Sophia Chikirou, députée de Paris, et Jean-Luc Mélenchon : « Adrien décide de tout prendre sur lui. Je salue sa dignité et son courage », écrit-il sur Twitter. Consternation dans les rangs féministes, où figure une certaine… Caroline De Haas. Dans les boucles Telegram du mouvement, plusieurs élues tentent aussi d'expliquer à Mélenchon qu'il faut retirer son tweet. En vain. Chez LFI, la règle est de serrer les rangs, coûte que coûte. Même quand on n'est pas d'accord, à l'extérieur, on défend la ligne, et ses camarades. Mais cette fois, promet une cadre du mouvement, « ça se fissure ». Certaines figures, peu habituées à critiquer la ligne, sont consternées. Des député·es, souvent nouvellement élu·es, affichent leur soutien à l'ancienne compagne d'Adrien Quatennens.

« La relève féministe dit stop »

La députée LFI de Dordogne, Pascale Martin, engagée de longue date contre les violences de genre, va plus loin en critiquant directement Jean-Luc Mélenchon, dans une lettre diffusée sur les réseaux sociaux : « En tant que députée élue pour défendre le programme et les valeurs de LFI et de la Nupes, mais aussi en tant que militante féministe [...], je ne peux pas rester silencieuse devant ces réactions. Elles sont insuffisantes et inacceptables à plus d'un titre. » « Je serai toujours dans le camp des victimes de violences, et jamais dans le camp des agresseurs », conclut-elle. Même sentiment chez sa collègue parlementaire Sophie Taillé-Polian, membre du parti Génération·s : « On a eu typiquement la réaction de quelqu'un [Mélenchon] qui défend d'abord son ami. C'est humain, mais ce n'est pas la réaction d'un homme d'État, ni d'un responsable politique. »

L'écrivaine et journaliste féministe Claudine Cordani annonce « quitter officiellement » le Parlement de l'Union populaire, soutien de Mélenchon pendant la campagne présidentielle. « C'est quoi ce cirque, ce serrage de couilles ? », interroge-t-elle, faisant part de son sentiment d'« avoir été utilisée comme quelqu'un qu'on va mettre en vitrine ». Sur les réseaux sociaux, des militantes de gauche lancent le mot-dièse #RelèveFéministe. « Il faut tirer les leçons de ces affaires. Il y a un gros ras-le-bol.

On le sait entre militantes féministes de différents partis, on se dit des choses. On en a marre que, malgré les signalements, les agresseurs s'en sortent toujours plutôt bien au sein de nos mouvements. La relève féministe dit non, stop. On ne laissera plus rien passer », explique alors Sabrina Benmokhtar, membre du parlement de la Nupes et engagée à EELV.

La déception est d'autant plus grande que, depuis la campagne présidentielle, plusieurs militantes féministes avaient fait le choix de soutenir le candidat Jean-Luc Mélenchon. L'engagement de « L'Avenir en commun » en matière d'égalité femmes-hommes ainsi que le volontarisme affiché de LFI à écouter et consulter la société civile organisée dans ce domaine avaient achevé de les convaincre. Or l'affaire Quatennens signe, à leurs yeux, la reproduction d'un réflexe de défense partisan, qui subordonne la cause des femmes à l'intérêt de l'organisation. « Si les militantes féministes ont du mal à s'engager en politique, c'est parce qu'elles savent qu'entre la loyauté au parti et le respect des principes de lutte contre les violences sexistes et sexuelles, la priorité est toujours donnée à la loyauté », observe amèrement la féministe Sarah Durieux.

Une condamnation et un plan com'

Les épisodes suivants ne vont qu'accentuer la fracture. Le 23 novembre 2022, Céline, l'ex-épouse d'Adrien Quatennens, sort du silence pour la première fois : elle qui n'avait jamais souhaité la médiatisation de la main courante qu'elle avait déposée, et qui a refusé toutes les demandes d'entretien faites par la presse, finit par diffuser un communiqué de presse. Elle répond à une communication du député, publiée la veille, parlant d'« un contexte déjà évoqué d'agressivité mutuelle ». « Il m'est désagréable que mon mari minimise les faits publiquement en jetant le discrédit sur ma personne », déclare la plaignante.

Quelques jours plus tard, le 13 décembre, Adrien Quatennens est condamné à quatre mois de prison avec sursis pour des violences conjugales. Le député du Nord devra verser 2 000 euros de dommages-intérêts à son ex-épouse, ainsi que 1 500 euros pour les frais d'avocat, au terme d'une procédure dite de plaider-coupable, proposée par le parquet lorsque les faits sont avoués et que le prévenu ne présente pas d'antécédents judiciaires. La sanction n'interdit pas à l'élu de revenir à l'Assemblée.

Ce qu'il fait très vite. Mais d'abord sans l'accord de ses camarades. Car La France insoumise, elle aussi, a choisi de sanctionner le député : le groupe parlementaire annonce le radier pour quatre mois – la même durée que la peine pénale ; son retour sera « conditionné à l'engagement de suivre un stage de responsabilisation sur les violences faites aux femmes auprès d'associations féministes ». « Cette décision est éclairée par la décision de justice prise après enquête, le principe féministe de prendre au sérieux la parole des femmes, et une volonté de gradation des sanctions », précise le groupe.

Sur le papier, le dispositif pouvait séduire : les partis tâtonnent pour trouver les sanctions adaptées ; la radiation à vie n'est pas nécessairement le meilleur outil pour des formations politiques qui prônent le droit à l'erreur et à la réinsertion ; toutes les violences ne sont pas de même nature et de même gravité. Mais il vole en éclats à peine annoncé.

Aussitôt condamné, Adrien Quatennens déroule un plan médias – deux entretiens exclusifs, l'un au quotidien régional

La Voix du Nord, l'autre à BFMTV – dans lequel il livre sa version des faits, et semble se poser en victime. Il parle de « vie privée », évoque une « épreuve personnelle dont [il] n'a rien vu venir », une « histoire d'amour qui se termine », et accuse son ex-compagne de l'avoir menacé de faire « exploser » sa carrière politique. Quatennens affirme aussi que des « faits ont été commis » par son épouse – ils n'ont pourtant fait l'objet d'aucune procédure. « Je ne suis pas un agresseur, je ne suis pas un homme violent », explique encore le député, qui dénonce un « lynchage médiatique inédit de la part de gens qui n'étaient pas derrière les portes closes d'une histoire de couple ». Il estime avoir « payé bien assez cher sur tous les plans ».

Insupportable pour les féministes qui lisent dans ce discours une justification des violences et la minimisation d'une sanction pénale. La députée LFI Pascale Martin le souligne dans un entretien à Mediapart en janvier 2023 : « Adrien Quatennens en fait la démonstration : il n'y a pas de déconstruction chez lui. [...] Alors que je lui ai conseillé de ne pas se victimiser, il a pris le chemin classique des agresseurs dans cette situation. »

Une réintégration dans la confusion

L'hiver 2023 est marqué par la bataille des retraites dans laquelle la gauche jette toutes ses forces. L'affaire Quatennens passe au second plan. Rien n'est réglé pour autant. Le 11 avril, le groupe Insoumis vote comme prévu sur la réintégration du député du Nord avec un score sans appel : 45 pour, 15 contre, 2 abstentions. Cette décision a été prise après l'« audition » d'Adrien Quatennens par quatre député·es LFI mandaté·es par le bureau du groupe parlementaire, dont l'identité est restée secrète. Ce très proche de Jean-Luc Mélenchon aurait alors rempli les conditions fixées par les Insoumis : avoir réalisé un stage sur les violences auprès d'une structure spécialisée, « en cours de finalisation », selon le communiqué officiel ; et « regretter » ses dernières interviews.

La pilule est amère pour les partenaires de LFI au sein de la Nupes. Le PS parle de « faute politique ». « Je regrette cette décision », déclare la présidente du groupe écologiste, Cyrielle Chatelain : « Quand on fait du féminisme un point important, on doit être exemplaire », souligne la députée. À la base de LFI, la décision a déçu une partie des militant·es. « En protégeant Adrien Quatennens, ce sont les militant·es qui vous ont fait élire qui ne se sentent pas entendu·es et qui perdent tout espoir en la sincérité du combat féministe de La France insoumise », avaient écrit le 10 avril des Jeunes Insoumis·es.

La réintégration d'Adrien Quatennens interroge aussi la cohérence des procédures internes à LFI. Pourquoi est-il réintégré quand d'autres ont été exclus, plus ou moins discrètement, pour des faits équivalents ? Il est vrai que ceux-là n'étaient pas l'ancien numéro un du mouvement… D'autres, mis en cause pour des faits graves, ont été écartés, mais sans procédure. C'est par exemple le cas du journaliste Taha Bouhafs : aucune plainte pénale n'a été déposée contre lui et la procédure interne, un temps ouverte, a été refermée sans véritable enquête. Les témoignages adressés à LFI ont même été retirés. Mediapart a également révélé qu'en 2019 un rapport interne visant le député du Nord Ugo Bernalicis, pour un comportement supposément inapproprié envers une jeune femme, était resté lettre morte. Il se serait perdu…

Danièle Obono, députée LFI et féministe engagée, s'interroge à voix haute : « Au moins nous, nous avons pris à bras-le-corps le sujet. Comme tout le monde, on manque d'outils et de culture politique sur le sujet », poursuit-elle : « Comment on gère les cas de personnes qu'on décide de ne pas exclure ? Comment on travaille à la réparation globale et collective ? Cela nous dépasse, c'est une question qui se pose à tout le monde. »

« VOIX AIGUË » ET « JÉRÉMIADES » : LE SEXISME À L'ASSEMBLÉE

Par Lénaïg Bredoux et Mathieu Dejean

Un brouhaha tenace, des interruptions incessantes et des signes complices pour se boucher les oreilles : voilà ce à quoi la députée La France insoumise (LFI) Ersilia Soudais a dû faire face le 16 février 2023, alors qu'elle intervenait dans l'hémicycle pour défendre un amendement sur la réforme des retraites. « Quand on est une femme, il faut toujours en faire dix fois plus, pour dix fois moins de reconnaissance. Ce modèle de société patriarcal ne me convient pas ! », dénonçait la jeune élue, le visage fermé.

Face au tumulte et à la quasi-impossibilité de la députée d'aller au bout de son intervention, sa collègue Aurélie Trouvé s'est fendue d'un rappel au règlement, tout aussi inaudible à cause du tumulte : « J'observe que, quand une femme s'exprime dans cet hémicycle, il y a un brouhaha incroyable. » Il n'en fallait pas plus pour déclencher une petite révolution de palais. Invectives et excommunications de la majorité à l'égard des « jérémiades sur le féminisme » de la Nouvelle Union populaire écologique et sociale (Nupes) – *dixit* Véronique Louwagie (Les Républicains [LR]) – lui ont succédé.

L'insinuation que des comportements sexistes pourraient se nicher dans l'enceinte du palais Bourbon a fait sortir de ses gonds la présidente Yaël Braun-Pivet : « Franchement, comment pouvez-vous dire cela, madame Trouvé ? Nous siégeons dans un hémicycle qui, pour la première fois, est présidé par une femme ! J'ai à mes côtés cinq vice-présidentes, une première questeure et quatre présidentes de groupe. »

Intimidations, harcèlement, menaces

Jointe par Mediapart, Aurélie Trouvé n'en revient pas : « Et alors ? L'hémicycle a toujours été ultra majoritairement masculin. Penser qu'il serait immunisé contre les codes virilistes en vigueur dans la société, c'est vraiment stupide. Cela révèle l'absence de prise de conscience de la réalité systémique du patriarcat », rétorque-t-elle. Dans la nouvelle législature, 38 % des député·es sont des femmes, alors qu'elles n'étaient que 13 % il y a vingt ans. « C'est un peu le syndrome de la Schtroumpfette, alors que, quand bien même une femme de gauche féministe présiderait l'Assemblée nationale, il y aurait évidemment encore du sexisme, surtout qu'elle n'est pas paritaire », raille la députée écologiste Marie-Charlotte Garin. Pour Ersilia Soudais, le signal est clair : « Le sexisme n'est pas pris au sérieux. »

Plusieurs députées réputées pour leur engagement féministe font aussi le lien avec les scènes montrant des parlementaires applaudir Adrien Quatennens, condamné pour violences conjugales, ou des figures de la majorité s'en prendre aux Insoumis pour mieux oublier Damien Abad, visé par une enquête pour « viols » et qui siège au sein du groupe Renaissance. La misogynie qui règne à l'Assemblée est d'autant plus préoccupante qu'elle alimente un cyberharcèlement vivace sur les réseaux sociaux. « On est en plein *backlash* [retour de bâton conservateur] post-#MeToo. Tout cela légitime un contre-féminisme qui se manifeste aussi sur les bancs de l'Assemblée », analyse Marie-Charlotte Garin.

Ersilia Soudais a fait les frais de cette boucle rétroactive : le 19 février 2023, le président d'honneur de la Licra, Alain Jakubowicz, tweetait une photo d'elle lors de son intervention en moquant sa tenue, déclenchant un flot d'insultes. Avant elle, sa collègue Insoumise Ségolène Amiot avait subi le même type de quolibets de la part de l'eurodéputé d'extrême droite Gilbert Collard. Le groupe LFI a écrit à la présidente de l'Assemblée nationale pour que soit mis un terme à ces intimidations. « Il y a un cyberharcèlement à mon égard qui a tendance à se prolonger dans l'Assemblée nationale, c'est le rôle de sa présidente de veiller à ce que ça cesse », explique Ersilia Soudais, qui confie être parfois obligée de ne plus lire les commentaires pour se protéger moralement. Quant à Sandrine Rousseau, elle a fini par déposer plainte : un de ses harceleurs a été condamné à plus de cent heures de travaux d'intérêt général.

La députée Insoumise Rachel Keke a fait l'objet d'attaques similaires concernant ses vêtements sur les réseaux sociaux, notamment de la part du syndicaliste policier d'extrême droite Bruno Attal. L'élue lui a répondu d'un cinglant : « Que les femmes du monde entier puissent s'habiller comme elles le veulent, sans avoir à supporter ce genre de commentaires racistes et machistes. Mon corps, mon choix. »

Le groupe écologiste, qui est le plus féminin de l'Assemblée, a créé un compte Instagram (@BalanceTonIntimidation) qui donne un aperçu des menaces sexistes reçues par ses élues. « C'est très violent, d'autant plus que la perspective des violences sexuelles est réelle en dehors de l'espace numérique », témoigne Marie-Charlotte Garin. Symboliquement, la députée du Rhône avait fait son entrée dans l'hémicycle en juin 2022 en portant la robe qui avait valu des sifflets sexistes à Cécile Duflot dix ans plus tôt. « C'était une manière de dire qu'on était passés à une autre époque, et que le sexisme n'avait désormais plus sa place, mais il est encore là, de manière plus insidieuse, et dans toutes les familles politiques », observe-t-elle *a posteriori*.

La voix des femmes, une obsession des députés

La focalisation des attaques masculines sur la voix des députées en est la première marque : trop aiguë, trop forte, débit trop rapide... L'Insoumise Clémentine Autain s'en était indignée sur Twitter en juillet 2022. « Tribun ne se dit pas au féminin. Révolutionnons l'art oratoire ! Et l'écoute », enjoignait-elle, excédée par les remarques. L'historienne Mary Beard rappelle dans son essai *Les Femmes et le pouvoir, un manifeste* (Perrin, 2018) que, déjà dans le monde antique, « la prise de parole publique des femmes [représentait] une abomination ». « L'autorité émanant de la voix grave des hommes, par opposition à celle des femmes, est à maintes reprises soulignée dans la littérature de l'Antiquité », poursuit-elle.

Les femmes politiques, tous bords confondus, sont depuis contraintes d'aggraver leur voix pour gagner en autorité. « Sandrine Rousseau, Aurélie Trouvé et moi avons en commun une voix aiguë, et on sent que c'est ce qui joue. Comme en plus on a une parole cash, ça ne correspond pas à la vision de la femme qu'ont beaucoup de députés », explique Ersilia Soudais. De plus, leurs voix étant souvent couvertes par les protestations, ces députées doivent hausser le ton : « Parfois, le bruit est tellement fort qu'on ne s'entend même plus, alors on passe pour des hystériques, parce qu'on a la voix qui part dans les aigus », relate-t-elle. En bout de chaîne, la violence peut devenir plus concrète : « J'ai déjà été bousculée dans les couloirs par un député Renaissance qui a dit : "Ça, c'est la meuf qui gueule tout le temps." »

Dès que la présidence de séance appelle Sandrine Rousseau pour intervenir, « il y a un brouhaha », relève l'écoféministe. « Je suis donc obligée de crier dès que je commence à parler... Sinon mon temps de parole s'écoule. » La députée de Paris explique prendre des cours pour mieux placer sa voix. En vain : « Je n'y arrive pas à cause du bruit. Je ne peux pas faire autrement. » Souvent, ces remarques se teintent de paternalisme à l'égard des nouvelles venues dans l'hémicycle ou des jeunes élues. Aurélie Trouvé affirme ainsi qu'entre dix et quinze députés de la majorité et de droite sont venus la voir pour lui parler de sa voix. Un député MoDem lui a même fait passer un mot personnel dans l'hémicycle à ce sujet.

Les interruptions, également, sont continues. « Arrête de lire ta fiche ! » (Sylvain Maillard, Renaissance) ; « Qu'elle se dépêche ! » (Jocelyn Dessigny, Rassemblement national [RN]) ; « Doucement, on respire » (Aurélien Pradié, LR) ; ou encore « Elle lit très vite, quand même ! » (Fabien Di Filippo, LR) : autant d'exemples de dénigrements reçus par Ersilia Soudais début 2023. « Qu'elle arrête de faire sa Sarah Bernhardt », a lancé Erwan Balanant (MoDem) au milieu d'une intervention d'Aurélie Trouvé. « Arrêtez de hurler ! », « Ne criez pas, madame Keke ! », lance Maxime Minot (LR) à Rachel Keke le 10 février. « Cessez de vociférer ! », appuie José Beaurain (RN).

Aurélien Pradié, encore lui, à Sandrine Rousseau alors qu'elle intervenait sur les violences intrafamiliales : « On ne garde pas les mains dans les poches lorsqu'on parle ! » Sébastien Peytavie (EELV), installé en bas de l'hémicycle, confirme l'ambiance particulière qui y règne : « Le bruit y est plus fort, et on entend très bien le brouhaha et les remarques. Dès que Sandrine parle, c'est impressionnant : on entend "la Rousseau", "la voix est aiguë et insupportable", on voit les corps – avec des grimaces, des doigts pointés dans sa direction, des visages marqués par la colère... »

Des effets concrets sur la parole des députées

Évoquant les fiches qu'elle tient à la main lorsqu'elle intervient dans l'hémicycle, Ersilia Soudais explique : « Les femmes ont tellement peur d'être attaquées qu'elles ont besoin de se raccrocher à quelque chose de solide, ce n'est pas un problème de maîtrise du fond. » Selon une étude réalisée fin janvier 2023 par Théo Delemazure (auteur du compte Twitter « Out of context Assemblée nationale ») à partir des comptes rendus de séances, les effets de ces comportements sexistes sont très concrets. En 2022, un député a ainsi parlé en moyenne 40 % plus qu'une députée, et a interrompu en moyenne deux fois plus qu'une députée. « J'ai du mal à l'expliquer autrement que par le fait que les hommes se gênent moins pour intervenir et se croire chez eux, tandis que les femmes réfléchissent parce qu'elles savent qu'elles peuvent être attaquées plus facilement », analyse Théo Delemazure. « Une dizaine d'hommes font d'ailleurs des remarques toutes les cinq minutes, dont Jocelyn Dessigny, un député RN qui, lors du débat sur la réforme des retraites, n'a pas pris la parole une seule fois en dehors de ses interventions du fond de la classe. »

À la demande de Mediapart, le chercheur a analysé deux semaines de débats sur la réforme des retraites, en février 2023. S'il observe peu de variations, il insiste sur l'importance du facteur qualitatif (que son modèle ne prend pas en compte), car, « même si une femme reçoit moins d'interruptions, rien n'empêche que celles-ci soient plus violentes que pour les hommes ». Comme l'écrit l'historienne britannique Mary Beard, « du moment que vous vous aventurez dans le domaine traditionnel des mâles, peu importe le point de vue que vous exprimez en tant que femme, l'injure viendra de toute façon ». Elle se répand d'autant plus que la féminisation des assemblées s'accroît : partout dans le monde, la parité provoque une surréaction de certains hommes. Sandrine Rousseau en est convaincue : « C'est le chant du cygne. Ils se battent d'autant plus fort qu'on progresse. »

« EN FRANCE, LE MILIEU POLITIQUE EST À LA TRAÎNE »

Entretien avec Mérabha Benchikh
Par Lénaïg Bredoux

Docteure en sociologie, Mérabha Benchikh est auteure de *Femmes politiques : « le troisième sexe » ?* (L'Harmattan, 2013) et « L'émergence de nouvelles femmes politiques à l'international » (*Diplômées*, n° 276-277, 2021).

Depuis le début des quinquennats d'Emmanuel Macron, plusieurs ministres ont été mis en cause pour des faits très graves – qu'ils ont tous niés –, Gérard Darmanin, Damien Abad et Nicolas Hulot. Ils sont restés en poste dans un premier temps. Est-ce le signe d'une complaisance au plus haut niveau de l'État ?

La question qui se pose en premier lieu, c'est comment peut-on continuer à exercer des responsabilités politiques lorsque des plaintes pour harcèlement, agressions sexuelles, viols ou abus de pouvoir sont déposées par des femmes. Est-ce que le devoir d'exemplarité, alors que les faits décrits sont très graves, ne devrait pas s'incarner dans les plus hautes fonctions de l'État, y compris pour le « premier flic de France » ?

Ici, les attitudes du président de la République, de l'exécutif ainsi que du parti Renaissance laissent pantois. Certes, ces dernières années, la parole des femmes s'est libérée, mais qu'en est-il de leur écoute ? Les femmes sont dénigrées voire niées à travers des campagnes de discrédit où elles doivent prouver leur bonne foi et la véracité des faits, tout en se trouvant calomniées, avec menace que la situation se retourne contre elles. L'omerta existe encore. Certes, la présomption d'innocence est précieuse pour la démocratie, mais qu'en est-il des droits des femmes ?

Comment expliquer que le sexisme soit encore aussi prégnant dans les assemblées nationales, régionales ou municipales ?

Le champ politique français – par nature androcentré et sexiste – a longtemps exclu les femmes, y compris dans leurs tentatives de prise de parole. Le fait que la parole se libère de ces rapports de domination est nouveau, voire balbutiant.

Bien qu'on constate un avant et un après #MeToo au niveau international comme national, le mouvement a eu moins d'impact en France que dans les pays anglo-saxons par exemple. D'autres pays, comme ceux de Scandinavie, ont encore une autre approche culturelle des questions femmes/hommes et plus largement de l'égalité, y compris politique. Des données culturelles peuvent être avancées pour expliquer la situation française : l'histoire, avec notamment la loi salique et l'exclusion politique des femmes, ou le droit de vote tardif acquis par elles, via l'ordonnance du 21 avril 1944 ; le faible nombre de candidates investies par les partis sous la Ve République ; la « contrainte » présumée des lois dites sur la parité ; les discriminations et inégalités femmes/hommes ; le mythe de la séduction à la française, qui s'apparente souvent, dans les faits, à de la goujaterie, à une drague pesante, un harcèlement voire à une culture du viol.

Il existe bien en France un sexisme – à la fois prégnant et insidieux –, tout particulièrement dans le champ politique, lequel a une valeur symbolique forte. Démonstration : ce n'est que la deuxième fois dans l'histoire du pays qu'une femme devient Première ministre, la première l'ayant été en 1991. Cheffe de gouvernement « express » à l'époque, puisque Édith Cresson n'est restée Première ministre que dix mois et dix-huit jours, un des « records » de brièveté à ce poste, éloquent quant à la place défavorable accordée aux femmes. Dans ce milieu, les femmes sont encore perçues comme transgressives au sein d'un monde masculin où les positions sont chères.

Pourquoi le milieu politique semble-t-il résister à #MeToo ?

Le monde politique, plus que d'autres domaines professionnels, reste en France un bastion masculin : le masculin y est perçu comme universel, avec ses normes, ses codes et ses règles virilistes, etc. Il représente, en outre, en termes de prestige, le « premier pouvoir », bien plus valorisé que le champ économique.

À ces éléments socioculturels s'ajoutent sans doute des facteurs psychologiques. Les postures narcissiques et mégalomanes de certaines personnalités sont préoccupantes. À travers cette « maladie du pouvoir », le syndrome d'Hubris fait résonance avec des femmes « objetisées » par des hommes aux privilèges disproportionnés.

Des cellules d'écoute ont été mises en place dans les partis politiques de gauche – la droite et l'extrême droite restant globalement à l'écart. Mais elles ont rencontré de nombreuses limites et résistances.

En effet, l'échiquier politique présente des disparités, voire des inégalités (droite/gauche). À droite et au centre, l'heure est aux balbutiements. L'extrême droite, quant à elle, reste dans le déni de ces réalités sociales. Les partis de gauche, pour leur part, adoptent des positions plus progressistes, pour ne pas dire ouvertement féministes.

Cependant, des marges de progression existent dans ces partis, par exemple celles liées à l'indépendance et à l'objectivité des commissions internes. Tout comme les préconisations de l'Observatoire des violences sexistes et sexuelles en politique, les recommandations du Haut Conseil à l'égalité entre les femmes et les hommes (HCE) sont très concrètes : elles proposent notamment de créer une « instance indépendante », sur le modèle de la Haute Autorité pour la transparence de la vie publique (HATVP), et de rendre systématiquement inéligibles « des élus condamnés pour violences ».

Car qui doit faire justice ? Et pour quelle réparation aux victimes ? Quel est le rôle des partis ? Comment y associer les instances judiciaires ? Les organisations politiques ne peuvent s'y substituer au-delà de leur propre périmètre.

CHAPITRE III

L'IMPASSE POLITIQUE ET JUDICIAIRE

« LA SOCIÉTÉ FRANÇAISE DOIT S'ENGAGER DANS UN VASTE PROCESSUS DE DÉCONSTRUCTION »

Entretien avec Christelle Taraud
Par Lénaïg Bredoux

Christelle Taraud est historienne, spécialiste des questions de genre et de sexualité dans les espaces coloniaux, et enseigne notamment dans les programmes parisiens de l'université de Columbia et de l'université de New York. Elle a dirigé *Féminicides, une histoire mondiale* (La Découverte, 2022).

Malgré l'annonce de nouvelles lois, malgré le « Grenelle » contre les violences conjugales lancé au début du premier mandat d'Emmanuel Macron, le nombre de féminicides baisse très peu en France. Comment l'expliquez-vous ?

Déjà, des poches échappent encore à la politique de prévention des féminicides, comme les zones rurales. Les femmes y sont trop souvent abandonnées. L'accès à l'information manque. Mais le problème essentiel réside dans le fait que le seul horizon d'attente est la logique répressive. Or les féminicides sont le produit d'une histoire très ancienne : ils ne sont qu'une manifestation paroxystique du système d'écrasement des femmes forgé à l'aube de l'humanité.

Aujourd'hui, les féminicides interviennent souvent dans les situations de rupture dans les couples. Ghada Hatem, qui dirige la Maison des femmes de Saint-Denis, observe aussi des pics de violences dans les périodes de grossesse : dans ces moments-là, les hommes sont supplantés, dans l'univers des femmes, par le bébé à naître ou le bébé né.

Les meurtres se déroulent d'ailleurs souvent au moment où la femme dit non, s'en va, et où l'homme a le sentiment d'une perte de contrôle, associée à la remise en cause de son identité virile... L'objectif de ces violences, c'est bien la réaffirmation de la hiérarchie des genres. C'est une manière de dire : j'incarne le sexe fort et toi le sexe faible, donc « tu dois m'obéir », « tu es ma chose », « tu n'existes que pour moi et par moi ». Le féminicide est un crime de propriétaire.

C'est donc bien la violence qui articule tous nos rapports sociaux qui se trouve au cœur de la masculinité hégémonique, du système d'écrasement des femmes, et donc des féminicides. Pour les éradiquer, il faut mettre en place une société qui repose sur des valeurs radicalement différentes et qui tourne massivement le dos à la violence.

Quel lien faites-vous entre les féminicides, les violences sexuelles, l'inceste ? S'agit-il du même rapport de domination dont vous parlez ?

Pour moi, il s'agit bien de la même chose. C'est pourquoi j'ai forgé le concept de « continuum féminicidaire ». Fractionner et cloisonner les violences, les analyser de manière distincte

– traiter du viol comme si celui-ci pouvait être dissocié du harcèlement, de l'inceste, des crimes féminicidaires –, participe de la stratégie de l'agresseur : cela évite de mettre en lumière leur aspect systémique commun.

D'ailleurs, quand on interroge les femmes, elles-mêmes bien souvent ne lient pas entre eux les épisodes de violence qu'elles ont subis au cours de leur vie. Or ils constituent un flux qui traverse la vie des femmes de la naissance à la mort : des violences polymorphes qui peuvent être parfois banalisées ou relativisées par les femmes elles-mêmes ; des violences qui comprennent le contrôle des corps, la misogynie de la langue, les insultes dans la rue, les humiliations à la maison ou au travail... Tuer une femme apparaît comme plus grave que la traiter de « salope ». Cela procède pourtant de la même logique structurante de la masculinité hégémonique.

Le mouvement #MeToo suscite-t-il une violence démultipliée à l'encontre des femmes ?

Oui. Ce mouvement peut être pensé comme un cas de rupture possible à l'échelle locale comme internationale : les propriétaires peuvent craindre de perdre leur jouet.

On observe d'ailleurs que, dans les périodes où les droits des femmes sont relayés par des mouvements féministes puissants, les plaintes pour inceste, délits ou crimes sexuels, pédocriminalité, ou pour des violences physiques, psychologiques ou sexuelles au sein du couple augmentent de manière significative. L'accroissement des chiffres correspond, à chaque fois, à des moments d'euphorie féministe. À l'inverse, quand les femmes courbent l'échine et ploient le genou, elles sont moins tuées. Il y a donc une corrélation entre le mouvement #MeToo et post-#MeToo et la pandémie de féminicides actuellement à l'œuvre partout dans le monde.

D'autres raisons expliquent la hausse des violences : on les compte davantage et on en parle plus. On les voit donc mieux. Il faut aussi noter qu'une partie des meurtres de femmes cis ou transgenres restait sous les radars : aujourd'hui, nous découvrons que certains « cold cases » étaient des féminicides. *Idem* pour certains suicides, avec la notion qui s'est développée ces dernières années de suicide assisté ou accompagné. Enfin, on comprend peu à peu que certaines femmes sont surexposées aux violences : celles en situation de handicap, racisées ou travailleuses du sexe. Tout cela est en train de nous exploser au visage.

L'échec de la justice et de la police est souvent pointé du doigt. À juste titre. Mais est-ce qu'on ne demande pas trop au système judiciaire ? Peut-il à lui seul absorber ces violences ? Ou bien est-il également une des causes de ces violences, empreint lui-même de culture du viol ?

L'État est patriarcal, ses institutions le sont aussi. La police et la justice sont des fraternités agressives qui reposent sur des connivences virilistes. Même la présence de personnes issues des minorités ou de femmes ne résout rien car nous vivons dans un monde structuré par la masculinité hégémonique. Si l'on transpose aux questions raciales le problème des féminicides qui nous occupe ici, on comprend ce que veut dire appartenir à un corps masculiniste : pensons au cas de ce père de famille noir aux États-Unis, Tyre Nichols, tué en janvier 2023 par des agents de police eux-mêmes noirs de Memphis.

En France, malgré tout, certaines magistrates veulent faire bouger les lignes, ont de l'énergie, de l'intelligence et de la volonté. Il y a des avancées, et des condamnations symboliques de plus en plus lourdes. Mais tous les postes importants restent aux mains des hommes, avec certains procureurs qui continuent à croire et à médiatiser dans les tribunaux que le féminicide est une invention des féministes.

Je l'ai dit, c'est toute la société qui doit se mettre en branle. Envoyer des hommes en prison ne suffira pas. La volonté de former les acteurs de la chaîne répressive est également intéressante. Mais qui va former ? Le niveau de radicalité adopté sera important. Si la formation consiste à dire « taper c'est mal », « tuer c'est mal », cela ne suffira pas. Il faut que la société française soit engagée dans un vaste processus de déconstruction. On ne va pas éteindre un incendie avec un verre d'eau.

Je sens pourtant une sidération collective dans la société d'aujourd'hui. Les femmes prennent conscience de la gravité de la situation. Mais on ne fait encore, d'une certaine manière, que « gérer la misère ». Celle des femmes, des pauvres, des enfants issus de l'immigration… : on ne règle aucun des problèmes. On ne vit pas ensemble, on vit, au mieux, les uns à côté des autres et, au pire, les uns contre les autres, en acceptant que les valeurs de la masculinité hégémonique soient structurantes de notre monde commun alors qu'elles nous abîment, à des niveaux très profonds, autant individuellement que collectivement.

FÉMINICIDES : ANATOMIE D'UNE DÉFAITE

Par Sarah Brethes

L'année 2023 n'est pas encore terminée, mais on sait déjà qu'elle sera noire sur le front des meurtres de femmes en France. En février par exemple, en seulement sept jours, cinq femmes ont été tuées de manière extrêmement violente, et leurs conjoints ou ex-conjoints mis en cause. Dans l'indifférence générale et un silence politique total.

Mardi 7 février : une femme de quarante-trois ans meurt brûlée vive dans l'incendie de son appartement à Yvetot (Seine-Maritime). Samedi 11 février : une mère de quatre enfants, trente-quatre ans, décède à l'hôpital après avoir été retrouvée inanimée à son domicile de Bondy (Seine-Saint-Denis) par les secours. Lundi 13 février : une femme de cinquante et un ans est tuée de treize coups de couteau dans un hôtel social à Sevran (Seine-Saint-Denis). Lundi 13 février toujours : dans le parc des Buttes-Chaumont, à Paris, des agents municipaux découvrent des morceaux de corps humain enfermés dans des sacs-poubelle ; celui d'une femme de quarante-six ans déclarée disparue une semaine plus tôt à Montreuil (Seine-Saint-Denis) par son mari. Mardi 14 février : le corps sans vie d'une mère de famille de vingt-huit ans, tuée à l'arme blanche, est découvert à son domicile de Lisieux (Calvados). En sept jours, cinq mortes.

En 2022, selon le dernier décompte du gouvernement, ce sont 122 femmes qui ont été tuées, contre 102 l'année précédente. « Un Bataclan chaque année », comme le résument les militantes féministes. 2023 s'annonce pire encore : les statistiques se rapprochent de celles de 2019, année au cours de laquelle 146 femmes ont été victimes de leur conjoint ou ex-conjoint. Rappelons que la lutte contre les violences faites aux femmes a été érigée en « grande cause nationale » par Emmanuel Macron au début de son premier quinquennat, en 2017. Depuis, le terme « féminicide » est entré dans le Larousse, après être devenu un concept communément partagé pour qualifier les meurtres de femmes au sein du couple.

Aucun milieu n'est épargné. Le meurtre de Cécile Hussherr-Poisson, enseignante-chercheuse à l'université Gustave-Eiffel et « sentinelle égalité à la fac », est venu le rappeler le 20 mars 2023. Cette mère de famille de quarante-sept ans a été poignardée à plusieurs reprises à la gorge, alors qu'elle sortait de chez elle, dans le XIIe arrondissement de Paris. Son ex-mari, François-Marie Hussherr, mis en examen pour « assassinat » et placé en détention provisoire, ancien élève de l'École normale supérieure, était à la tête d'une start-up consacrée à l'intelligence artificielle ; auteur de plusieurs ouvrages, il participait parfois à des émissions de télévision.

« Les violences sont un universel », rappelle à ce sujet la sociologue Johanna Dagorn, autrice de plusieurs études en Nouvelle-Aquitaine sur les violences conjugales. « Et tous les auteurs de violences ont pour point commun une dégradation très forte de l'image des femmes, avec des stéréotypes de sexe très archaïques. » Car, analyse aussi Pauline Delage, chargée de recherche au CNRS et autrice de *Violences conjugales : du combat féministe à la cause publique* (Presses de Sciences Po, 2017), les féminicides constituent « le pôle extrême du continuum des violences ». Des vexations répétées aux violences physiques, psychologiques ou sexuelles, « il y a une différence de degré ». Mais, souligne la sociologue, « la visée est la même : le contrôle de l'autre » : « Toutes les violences se nourrissent de la domination masculine. »

Ces invariants des violences n'empêchent pas des nuances. Les statistiques montrent en effet que, si tous les milieux sont concernés, il y a une surreprésentation des employé·es et des personnes sans activité professionnelle. « Ces deux catégories sont les plus représentées parmi les victimes : 47 % », souligne l'Observatoire national de la délinquance et des réponses pénales (ONDRP). Elles le sont aussi parmi les auteurs. « Il est majoritairement masculin, le plus souvent en couple, de nationalité française, âgé de trente à quarante-neuf ans ou de soixante-dix ans et plus, et n'exerçant pas ou plus d'activité professionnelle », selon la dernière étude nationale sur les morts violentes au sein du couple.

Les jeunes filles, des victimes hors des radars

Les jeunes filles, et même les adolescentes, n'échappent pas à ces violences extrêmes. Clara avait dix-huit ans, Nana vingt-deux, Céline vingt, Rianne vingt-deux. Toutes ont été tuées en 2022 par leur petit ami. Les jeunes filles et jeunes femmes, qui se déclarent davantage victimes de violences au sein du couple que leurs aînées, restent pourtant dans un angle mort des politiques de prévention. La plus jeune, Emma, avait seulement quatorze ans. Le 4 juin 2022, son petit ami, lui aussi âgé de quatorze ans, l'a étranglée et poignardée à une dizaine de reprises à Clessé (Saône-et-Loire). Le procureur a indiqué que l'adolescent avait déjà tenu des propos inquiétants auprès de ses camarades, évoquant des « pulsions meurtrières » envers sa petite amie.

Aux yeux d'Ernestine Ronai, pionnière de la lutte contre les féminicides et responsable de l'Observatoire départemental des violences envers les femmes de Seine-Saint-Denis, les cas de meurtres conjugaux de jeunes filles survenus en France « font toujours écho à cette notion de possession, de jalousie, ce "tu es à moi, tu ne sors qu'avec moi, tu ne danses qu'avec moi", très présent chez les adolescents ». « C'est sur ces représentations qu'il faut travailler en priorité », affirme-t-elle.

Le repérage de ces victimes est d'autant plus difficile que les jeunes n'identifient pas toujours les violences dont elles sont victimes, constate Ernestine Ronai. « On ne peut que progresser sur cette prévention des violences faites aux jeunes filles, mais on se heurte aux images de la société : la pornographie, l'idée de possession de l'autre véhiculée par les films où les jeunes filles n'ont plus de vie autonome... On n'en a pas fini », déplore la militante. Elle qui a soutenu la création d'un « brevet de lutte contre les comportements sexistes et violents », remis en 2022 à plus de trois mille collégiens de Seine-Saint-Denis, regrette aussi que rien ne soit institutionnalisé au niveau de l'Éducation nationale : « La loi de 2014 disait que tous les professionnels devaient être formés aux questions des violences faites aux femmes, mais ce n'est pas le cas dans l'Éducation nationale, où même les infirmières n'ont pas de formation obligatoire. »

« Les jeunes violentées, c'est un angle mort de la prise en charge des victimes. Aussi parce qu'il y a de l'"âgisme" : les jeunes filles sont moins crues par les adultes quand elles dénoncent des choses, elles sont plus vite jugées, il y a une tendance à penser qu'elles exagèrent », estime Louise Delavier, directrice des programmes de l'association En avant toute(s), qui intervient dans certains collèges et lycées. « Le vocabulaire des violences conjugales n'existe pas chez les jeunes, qui parlent plutôt de problèmes de couple, de petit conflit, et donc ils et elles ne vont pas nommer les violences et ne vont pas atterrir sur des sites d'associations spécialisées », ajoute-t-elle.

Insuffisance et retard des politiques publiques

Les chiffres des féminicides le montrent : les politiques publiques déployées en matière de violences sexuelles et sexistes ne sont pas à la hauteur en France, malgré le « Grenelle des violences conjugales » en 2019. Création de places d'hébergement, lancement d'une mission parlementaire pour améliorer le traitement judiciaire des violences, mobilisation des forces de police et de gendarmerie, expérimentation de la prise en charge des auteurs de violences conjugales... L'exécutif agit. Mais trop peu, trop lentement, et avec des moyens très insuffisants.

Depuis plusieurs années, les associations féministes demandent, sans succès, qu'un milliard d'euros soit débloqué de manière claire pour lutter contre ce fléau. En novembre 2022, les sénatrices et sénateurs déploraient encore le manque de visibilité sur le véritable budget consacré à la lutte contre les violences faites aux femmes, éclaté dans de nombreuses missions budgétaires, impossible à évaluer réellement, mais de toute évidence encore trop faible.

Prenons l'exemple d'une mesure phare déployée sous Emmanuel Macron pour lutter contre les féminicides : le bracelet antirapprochement (BAR), généralisé depuis 2021. Ces appareils qui géolocalisent en continu les hommes coupables ou soupçonnés de violences graves communiquent avec un gros boîtier que les victimes doivent transporter partout. Toute violation des distances imposées entre eux déclenche une sonnerie et un appel téléphonique d'une plateforme chargée de vérifier si ce rapprochement interdit est intentionnel. Si besoin, la plateforme prévient la police. Environ un millier de ces équipements sont actifs sur le territoire (pour 67 millions d'habitant·es). Ils s'inspirent directement de l'exemple espagnol, pays européen érigé en modèle en matière de lutte contre les violences de genre.

En France, le dispositif cumule des problèmes techniques et opérationnels qui limitent son déploiement. « Trous dans le réseau, déclenchements intempestifs, matériel obsolète » : le procureur de Tours, Grégoire Dulin, énumérait en novembre 2022 les dysfonctionnements auxquels il était confronté et expliquait « ordonner très peu » de bracelets. Depuis, des améliorations et changements de matériel ont été partiellement mis en œuvre.

Des féminicides récents auraient-ils pu être évités par la pose d'un bracelet ? Sylvaine Grévin, présidente de la Fédération nationale des victimes de féminicides (FNVF), en est persuadée. Elle évoque le cas de Marie, une mère de famille tuée par son mari dans son appartement à Rennes en 2021. Multicondamné et sorti de prison quelques mois plus tôt, il était suivi par le Service pénitentiaire d'insertion et de probation (Spip), dans le cadre d'un sursis probatoire comprenant diverses obligations. « Il n'a eu aucun accompagnement alors que des dispositifs existaient », estime Sylvaine Grévin.

« Si on ne peut pas refaire l'histoire », le procureur de Bobigny, Éric Mathais, s'interroge quant à lui au sujet du féminicide de Bouchra, une mère de famille de quarante-quatre ans tuée le 26 novembre 2021 à Épinay-sur-Seine (Seine-Saint-Denis). « Cela a été un traumatisme pour les magistrats qui suivaient ce dossier », explique-t-il. La victime était dotée d'un téléphone grave danger mais elle n'avait pas été informée de la sortie anticipée de prison de son ex-mari, et ne portait donc pas l'appareil sur elle. Depuis, une circulaire a été prise pour que les victimes soient systématiquement tenues informées des sorties de détention. « Un BAR aurait été plus protecteur », affirme *a posteriori* le procureur, qui a accéléré son déploiement.

Prise en charge des auteurs : un impensé français

Sur le plan de la prise en charge des auteurs de violences, trente structures sont expérimentées sur le territoire depuis 2020, non sans susciter des polémiques. Au Québec et en Belgique, elles existent depuis des décennies, avec un impact documenté sur la baisse de la récidive. C'est surtout parmi les associations de défense des victimes et les militantes féministes que le lancement de ces centres est critiqué, sur le fond comme sur la forme. Le plus gros point de crispation réside dans le fait que les subventions sont ponctionnées sur le maigre budget du ministère de l'Égalité entre les hommes et les femmes.

Anne-Cécile Mailfert, présidente de la Fondation des femmes, considère ainsi que l'annonce de l'expérimentation des centres de prise en charge des auteurs de violences conjugales (CPCA) a été « un vrai scandale ». « Quand on voit l'indignité dans laquelle œuvrent les associations d'aide aux victimes, qui disposent de moins de 2 millions d'euros pour accompagner 400 000 femmes, débloquer 5 millions d'euros d'un coup pour les auteurs est hallucinant. »

Sur le fond, Luc Frémiot, qui officia notamment comme procureur à Douai, où il fit de la lutte contre les violences conjugales son cheval de bataille, continue de croire en la pertinence du dispositif. Ça fait des années que je répète que tant qu'on n'appliquera pas l'éviction du conjoint et qu'on n'accompagnera pas les auteurs, il ne se passera rien », souffle-t-il. « L'enjeu, c'est d'intervenir le plus vite possible. Si on attend les dommages corporels, c'est déjà trop tard. La maison des hommes violents, que j'ai créée à Arras en 2008, marche encore très bien. À mon époque, on avait fait chuter la récidive à 6 % », poursuit-il.

Au Québec, le débat sur la pertinence de l'accompagnement des hommes violents est soldé depuis quarante ans. La première structure d'accueil a vu le jour en 1982, à l'initiative de maisons d'hébergement pour femmes et d'organismes de santé. Elles n'ont cessé d'essaimer depuis, jusqu'à devenir des institutions, promues par de nombreuses campagnes publicitaires et soutenues par la littérature scientifique : on en compte aujourd'hui plus de trente, pour une population de 8,5 millions d'habitant·es. « Dans les années 1990, des études ont prouvé que, pour plus de 90 % des hommes passés par nos structures, la violence avait diminué en fréquence et en gravité, mais montraient que beaucoup perdaient les acquis dans le temps, ce qui nous a poussés à mettre en place un suivi », expose Sabrina Nadeau, directrice du Réseau d'aide aux hommes pour une société sans violence.

L'impact positif du suivi des auteurs a été également documenté en Belgique, pionnière en Europe sur un modèle largement inspiré de celui du Québec. Charlotte Vanneste, maîtresse de recherche à l'Institut national de criminalistique et de criminologie et professeure à l'université de Liège, a mené une vaste enquête quantitative sur une cohorte de 39 438 prévenus de 2010. « Toutes choses étant égales par ailleurs, la probabilité de récidiver est bien plus importante (2,65 fois supérieure) en cas de condamnation qu'en cas d'orientation vers Praxis », l'association qui gère les structures d'accompagnement des auteurs de violences, explique la chercheuse.

Il faudrait déjà évaluer l'existant

Un autre dispositif structurant améliorerait la lutte contre les violences : la mise en œuvre de tribunaux spécialisés dans les violences conjugales. L'Assemblée nationale a adopté en décembre 2022 une proposition de loi créant des juridictions spéciales pour juger les violences intrafamiliales, sur le modèle espagnol où elles ont fait leurs preuves depuis leur mise en place en 2005. Une proposition combattue par le garde des Sceaux, Éric Dupond-Moretti, lequel plaide pour l'idée, moins ambitieuse, de chambres et de pôles spécialisés au sein de chaque juridiction. Cette option est également privilégiée par une mission parlementaire qui a remis ses conclusions au printemps 2023 au ministre de la Justice.

Au-delà, les professionnel·les impliqué·es dans la lutte contre les violences le martèlent : rien ne peut avancer sans retour critique sur l'existant. « Nous militons pour un observatoire des violences faites aux femmes, où l'on évaluerait en temps réel l'efficacité des politiques publiques, plutôt que de lancer sans cesse de nouveaux dispositifs », insiste Anne-Cécile Mailfert. Une demande, elle aussi, restée lettre morte.

Globalement, c'est le silence des politiques sur le fléau des féminicides qui interroge. En Espagne, chaque féminicide est recensé et commenté par des membres du gouvernement socialiste de Pedro Sánchez, qui communiquent abondamment sur le sujet, dans les médias et sur les réseaux sociaux, sur le mode « plus jamais ça ». Il ne faut pas se méprendre. Notre voisin, qui a fait du sujet une priorité depuis vingt ans, n'a pas trouvé la recette magique : fin 2022, le ministre de l'Intérieur déplorait une augmentation « épouvantable » des violences conjugales. Sauf qu'en Espagne, on nomme les choses.

En 2004, il y a près de vingt ans, le Parlement français adoptait à l'unanimité la première loi d'Europe faisant du sexe de la victime une circonstance aggravante en cas d'agression. Depuis, les politiques de tous bords parlent de « violences machistes », là où notre ministre de la Justice, Éric Dupond-Moretti, évoque des « violences au sein du couple » et ne manque pas une occasion de rappeler que des hommes sont également victimes de ces violences.

En Espagne, chaque féminicide est un événement. Chez nous, où la prise de conscience a été plus tardive, on ne peut plus dire que l'on ne sait pas. Les collectifs féministes recensent les mortes depuis plusieurs années, l'Agence France-Presse, « grossiste » de l'information, fait remonter chaque cas aux médias nationaux et au gouvernement, les parquets des tribunaux communiquent. Pourtant, en France, un féminicide n'est toujours pas un événement.

INCESTE : DU « TABOU » À UN « ORDRE SOCIAL COMPLAISANT »

Par Sarah Brethes

7 janvier 2021. Camille Kouchner publie *La Familia grande* (Seuil), livre choc où elle accuse son beau-père, le politiste Olivier Duhamel, d'avoir infligé des violences sexuelles pendant des années à son frère jumeau. Elle y décrit avec minutie ce silence qui s'enkyste dans les familles, même les plus notabilisées. Ces familles où l'on voit tout, mais où l'on ne dit rien.

La Familia grande arrivait après *Le Consentement* (Grasset), publié début 2020 par l'éditrice Vanessa Springora, victime de l'emprise imposée par l'écrivain Gabriel Matzneff alors qu'elle était jeune adolescente et lui quinquagénaire. Mais aussi après la prise de parole publique, en 2019, d'Adèle Haenel dans Mediapart, où l'actrice accusait le réalisateur Christophe Ruggia d'attouchements et de harcèlement sexuel lorsqu'elle avait entre douze et quinze ans. Et après le film *Les Chatouilles*, adaptation sortie en 2018 du seul-en-scène à succès de la comédienne et danseuse Andréa Bescond, violée dans son enfance par un ami de ses parents.

Quatre témoignages de femmes et autant d'électrochocs grâce auxquels l'inceste – dans son acception large, c'est-à-dire les violences sexuelles infligées par des membres de la famille ou des proches ayant une autorité sur les mineur·es – devenait enfin un sujet politique : le 23 janvier 2021, trois semaines après la parution du livre de Camille Kouchner et l'apparition dans son sillage du hashtag #MeTooInceste, Emmanuel Macron mettait en place la Ciivise, Commission indépendante sur l'inceste et les violences sexuelles faites aux enfants.

Son objectif, au terme de sa mission alors fixé à l'automne 2023 : recueillir la parole des victimes, améliorer la connaissance de ce qui apparaît aujourd'hui comme un fait social majeur et proposer un arsenal de mesures pour faire évoluer les politiques publiques. « Les recommandations seront suivies d'effets », avait promis le chef de l'État pendant la campagne de 2022, s'engageant à bâtir « une vraie culture française de la protection ». Inspiré du modèle de la Ciase, la commission indépendante chargée de faire la lumière sur les violences sexuelles au sein de l'Église – qui a évalué le nombre de victimes à 330 000 sur une période de soixante-dix ans –, la Ciivise est coprésidée depuis sa création par Nathalie Mathieu, directrice générale de l'association Docteurs Bru, et le juge des enfants de Bobigny Édouard Durand.

Que s'est-il passé depuis plus de deux ans maintenant ? « Une fenêtre s'est ouverte et des forces très puissantes veulent la refermer. Nous devons la maintenir ouverte », résumait le magistrat dans les colonnes de Mediapart en septembre 2022. Pendant des mois, la commission, qui estime que 160 000 enfants subissent chaque année des violences sexuelles et retient le chiffre vertigineux de 5,5 millions de victimes en France, a sillonné l'Hexagone et les Outre-mer pour recueillir des milliers de témoignages – neuf personnes sur dix entrées en contact avec la Ciivise sont des femmes, âgées de quarante-quatre ans en moyenne.

Un coût exorbitant pour la société

De l'analyse de leurs récits, la commission retient « une extrême souffrance » et « des conséquences tout au long de la vie ». Troubles psychotraumatiques, comportements à risque (troubles alimentaires, problèmes d'addiction, tentatives de suicide) : plus de huit victimes sur dix estiment que les violences ont eu des conséquences sur leur santé psychique, et une sur deux sur sa santé physique, parfois plusieurs décennies après les faits.

Ainsi, seuls 11 % des femmes et 15 % des hommes ont déclaré n'avoir développé aucun comportement à risque. L'impact sur la vie affective, sexuelle (douleurs, problèmes gynécologiques, troubles de l'érection, absence de sexualité…), familiale et professionnelle est aussi patent. Près d'une personne sur deux rapporte des conséquences sur sa scolarité, et quatre sur dix sur leur vie professionnelle. « Ce qui est très marquant, c'est ce qu'on appelle à la commission “le présent perpétuel de la souffrance”. Ce n'est pas du passé, un mauvais souvenir, c'est là, dans la vie quotidienne, jusque dans la vie la plus intime », relève Édouard Durand.

« La société a progressivement changé de regard sur l'inceste, elle a accepté que ce n'était pas un problème privé mais un problème de santé et d'ordre publics de grande ampleur », analyse le magistrat. « Mais, en regardant l'impact de ces violences et la gravité des souffrances des enfants et des adultes qu'ils deviennent, on perçoit le pas de plus que la société doit faire : l'inceste est encore minimisé, ou du moins incompris. » Pour le juge, il faut désormais des « crédits pour la protection des enfants et la lutte contre l'impunité des pédocriminels. Ce qui coûte de l'argent à la société, c'est de laisser les agresseurs violer dans l'impunité ». Combien d'argent ? 9,7 milliards d'euros par an, a évalué un cabinet mandaté par la Ciivise. Un chiffre qui comprend essentiellement le coût à long terme pour la santé des victimes (70 % du total), le coût des procédures judiciaires, les pertes d'emploi.

En mars 2022, la commission avait formulé vingt préconisations afin de renforcer l'ensemble de la chaîne de protection des mineur·es. Le gouvernement s'est engagé sur cinq mesures : organiser le repérage systématique par l'ensemble des professionnel·les au contact des enfants, créer une cellule de conseil et de soutien de ces professionnel·les, doter les services de police judiciaire spécialisés dans la cybercriminalité de nouveaux moyens, garantir des soins spécialisés aux victimes et, enfin, organiser une grande campagne nationale sur les violences sexuelles faites aux enfants – la dernière datant de 2002. Dans cette campagne annoncée pour l'automne 2023, le mot « inceste » devrait être prononcé pour la première fois.

Le grand malentendu anthropologique

Les pouvoirs publics sont-ils enfin en train de se saisir de ce fait social massif, qui émerge régulièrement dans le débat public depuis les années 1980 sans jamais être attaqué de front ? Le sujet est évidemment très sensible car il touche à la cellule familiale, où les violences infligées se doublent de conflits de loyauté qui génèrent de puissants sentiments de culpabilité chez les victimes.

En outre, le sujet est miné depuis des décennies par un grand malentendu scientifique autour de la notion d'inceste, cet « interdit » ou « tabou » que l'éminent anthropologue Claude Levi-Strauss et Sigmund Freud avant lui ont érigé en préalable nécessaire à la structuration des sociétés humaines. Des travaux plus récents, à commencer par ceux de l'anthropologue Dorothée Dussy, montrent que cette théorie est fallacieuse.

« L'inceste est partout dans notre ordre social, patriarcal, qui valorise les dominants. C'est un exercice érotisé de la domination, qui survient toujours dans des familles où il est déjà présent », explique l'anthropologue, qui a mené un important travail de terrain sur le sujet. « L'inceste est parfaitement transversal à tous les milieux sociaux et tous les pays. La prévalence des violences sexuelles sur les enfants est remarquablement stable depuis la Seconde Guerre mondiale, depuis qu'on dispose de statistiques sur ce sujet, quels que soient les régimes politiques et les changements sociaux », souligne-t-elle. Le livre de Dorothée Dussy, *Le Berceau des dominations* (Pocket), avait été publié en 2013. Il est resté introuvable pendant des années, avant d'être réédité en 2021. « À l'époque, j'avais porté seule ce travail. Les temps ont changé, on est dans un espace-temps un peu unique dans nos sociétés », disait l'anthropologue sur le plateau de l'émission de Mediapart « À l'air libre », en septembre 2022.

« On vit un changement de paradigme », estimait également la chercheuse Iris Brey, qui a codirigé avec Juliet Drouar un ouvrage collectif intitulé *La Culture de l'inceste* (Seuil), paru à la rentrée 2022. « Les personnes qui incestent ne sont pas des malades, des gens qui regardent des contenus pédophiles toute la journée. Ce n'est pas qu'ils sont excités par des corps d'enfants, mais ils s'attaquent à ce qui est le plus proche car on a appris aux hommes qu'ils pouvaient se servir. Il faut sortir d'une pensée où les hommes qui incestent sont des monstres. Non, c'est terriblement banal », expliquait la chercheuse, victime d'inceste comme l'ensemble des auteur·es de ce livre. Des mots qui faisaient écho à ceux d'Adèle Haenel sur le plateau de Mediapart en 2019 : « Les monstres, ça n'existe pas. C'est notre société, c'est nos amis, c'est nos pères, c'est nous. Et on n'est pas là pour les éliminer, on est là pour les faire changer. »

Une silenciation des victimes

Dans le préambule de leur livre, Juliet Drouar et Iris Brey expliquent combien il a été difficile et douloureux d'arriver au bout de cet ouvrage. « Nous débutâmes cent, nous arrivâmes dix » : « tout est toujours poussif, infernal quand on veut parler d'inceste », disait le militant queer Juliet Drouar sur notre plateau. « Pour moi, c'est toujours une épreuve de parler d'inceste », ajoutait Dorothée Dussy, qui en a été victime dans son enfance.

C'est pour ces raisons que les prises de parole publiques restent rares. Parmi elles, l'actrice Corinne Masiero, qui révélait dans la matinale de France Inter en septembre 2022 avoir été agressée par l'un de ses cousins. La comédienne a forgé un mot pour décrire ce qu'elle a subi : « incestuée ». Elle raconte longuement, aux côtés d'autres victimes, dans le documentaire *Inceste, le dire et l'entendre* (Andrea Rawlins-Gaston, France TV, 2022), la « culpabilité », la « honte », l'« autodestruction » et ce traumatisme dont « on ne guérit pas ».

Cette silenciation des victimes, c'est aussi ce qu'illustre de manière poignante le livre de la journaliste de *Télérama* Valérie Lehoux, *Car toujours le silence tue* (Flammarion, 2023), consacré aux violences subies par Jacques Higelin, violé entre ses dix et quinze ans par un homme qui avait pris le rôle de mentor artistique. Le chanteur avait fait promettre à la journaliste d'écrire ce livre et de le publier. Mais après sa mort, survenue en 2018. Dans cet ouvrage, la journaliste dit aussi ses interrogations, *a posteriori*, sur le fait de ne pas avoir révélé ce récit plus tôt, au moment de la rédaction de la biographie du chanteur, en 2015. Elle raconte sa peur, à l'époque, des conséquences pour l'artiste. Regrette à demi-mots, mais *Le Consentement* et *La Familia grande* n'avaient pas encore changé la donne, constate-t-elle.

Car la donne a changé. Un peu. « Grâce à la persévérance des associations féministes, à la littérature, aux réseaux sociaux, à la commission indépendante sur les abus sexuels dans l'Église puis à la Ciivise, c'est un sillon lentement creusé depuis vingt ans », dit le juge Durand.

En décembre 2022, la levée de boucliers contre l'auteur de bandes dessinées Bastien Vivès, qui met en scène pédopornographie et inceste dans certains de ses ouvrages et devait être à l'honneur lors du festival d'Angoulême en janvier 2023, atteste de cette amorce de changement de regard. Après plusieurs jours de polémique et une pétition réunissant plus de cent mille signatures, la direction de l'événement a annoncé l'annulation de l'exposition « Carte blanche » qui devait lui être consacrée. Mais non en raison de la teneur de son œuvre ou de ses déclarations problématiques : le festival invoquait alors les « menaces » reçues par l'auteur. Il continuait de défendre Bastien Vivès, considéré comme le petit prodige du neuvième art français, estimant que son œuvre, « dans son ensemble, relève de la liberté d'expression et qu'il revient à la loi de tracer les frontières dans ce domaine et à la justice de les faire respecter ».

En matière de protection de l'enfance, les requêtes de la Ciivise ont été en partie entendues. En septembre 2022, la secrétaire d'État chargée de l'enfance, Charlotte Caubel, indiquait le « souhait », partagé avec le ministre de la Justice Éric Dupond-Moretti, d'instaurer le retrait de l'exercice de l'autorité parentale de principe en cas de condamnation d'un parent pour violences sexuelles incestueuses sur son enfant. Souhait qui a été mis en œuvre au Parlement en février 2023 : à l'unanimité, les députés ont adopté un texte socialiste qui prévoit ce retrait de l'autorité parentale en cas de condamnation... sauf décision contraire du juge. Pour les parents non condamnés mais poursuivis, l'exercice de l'autorité parentale, des droits de visite et d'hébergement sera suspendu jusqu'à décision du juge ou une éventuelle décision de non-lieu, dit la proposition de loi.

Des résistances puissantes

Or la justice civile, dans l'immense majorité des cas, continue à trancher en faveur des pères, même mis en examen. C'est ce que Mediapart a documenté en janvier 2023 en disséquant la procédure judiciaire visant un notable de Narbonne (Aude), Gilles Belzons, ancien rugbyman professionnel et président du club de rugby local. Mis en examen en juillet 2022 pour « agressions sexuelles incestueuses » sur son fils L., huit ans, ce père s'est vu confier malgré tout un droit de visite et d'hébergement. La mère, elle, n'est autorisée à le voir que sous la surveillance des services sociaux, deux heures tous les quinze jours.

« Je suis considérée comme plus dangereuse que quelqu'un qui est mis en examen, alors que tout ce que j'ai fait, c'est déposer plainte après que mon fils m'a livré ce qu'il avait subi », estimait Djemila Bel Lamine, la mère de L., rappelant que son fils a dénoncé les faits à huit reprises avant de se rétracter alors qu'il était placé en famille d'accueil depuis plusieurs mois.

Un cas qui illustre bien la résistance de celles et ceux que le juge Durand appelle « les gardiens du temple » au sein du sérail judiciaire et médical. Résistance à laquelle il a été confronté au sein même de la commission qu'il copréside. En janvier 2022, Guillaume Bronsard, un pédopsychiatre spécialiste de l'adolescence, a claqué la porte, dénonçant notamment la « place prépondérante » d'une « posture militante féministe ». Deux mois plus tard, une médecin légiste, Caroline Rey-Salmon, lui emboîtait le pas, s'opposant de son côté à ce que le corps médical soit soumis à des obligations de signalement des violences sexuelles.

Au sein de la justice, la tendance est claire. Interrogée sur le dossier de Narbonne, avant le vote de la proposition de loi, Cécile Mamelin, vice-présidente de l'Union syndicale des magistrats (USM), s'était dite opposée à la suspension automatique du contact entre les pères mis en examen pour inceste et leurs enfants. « Cela signifie que vous considérez que vous pouvez priver quelqu'un de droits au stade de l'enquête, ce qui constitue une atteinte au principe fondamental de la présomption d'innocence. C'est ouvrir la boîte de Pandore », affirmait-elle.

En février 2023, dans une autre de nos enquêtes, plusieurs juges des enfants et juges aux affaires familiales confiaient également, sous couvert d'anonymat, leur opposition à cette mesure. En sous-texte, le fameux « syndrome d'aliénation parentale » (SAP), une théorie désignant, selon ses partisans, une « campagne de dénigrement injustifiée » d'un enfant contre l'un de ses parents – en l'occurrence le père. Sans faire directement référence au SAP, plusieurs nous expliquaient, de façon anonyme, partager cette grille d'analyse : « Je ne sais pas s'il faut utiliser ce terme ou un autre, je ne suis pas médecin. Mais quand je vois des enfants aliénés, ou sous l'influence de l'un des parents... Ça fait froid dans le dos », assure par exemple une juge des enfants, membre de l'Association française des magistrats de la jeunesse et de la famille (AFMJF).

Dans un avis sur ces « mères en lutte » publié en 2021, la Ciivise appelait à l'opposé à en finir avec « le mythe des fausses plaintes de maltraitance sur les enfants », citant plusieurs études à l'appui.

Pour Emmanuelle Piet, présidente du Collectif féministe contre le viol (CFCV), partie civile dans ce dossier de Narbonne, donner un droit d'hébergement à un père mis en examen est inacceptable. « Il n'y a aucun principe de précaution, c'est infernal. Il faut arrêter avec cette position judiciaire, massive, qui est spéciale à la France », dit cette médecin. « On va le remettre un week-end sur deux à son père, présumé innocent certes, mais dont l'enfant a dit qu'il a été victime. En regard de la présomption d'innocence, je veux une présomption de crédibilité pour l'enfant », plaide-t-elle. « Tout est à l'envers », dit la militante, qui souligne que « des histoires comme celle-là, au CFCV et à la Ciivise, on en a deux cents ». « Mes écoutantes sont cassées, cassées de dire aux mères : "Vous risquez la prison si vous ne présentez pas l'enfant à son père" », souffle-t-elle.

Déjà, en 2003, un rapport de l'ONU rédigé par le rapporteur spécial Juan Miguel Petit dénonçait les dysfonctionnements de la justice française, notamment le fait que la parole de l'enfant y serait niée. Il pointait notamment le fait qu'un enfant puisse être contraint de rester avec le parent mis en examen.

Sur le plateau de notre émission « À l'air libre », l'anthropologue Dorothée Dussy saluait le travail de la Ciivise. « Mais les limites de cette commission ce sont les limites du système », déplorait-elle. « Il faudrait changer de manière révolutionnaire les procédures judiciaires, les codes de loi, car la justice bénéficie toujours aux violeurs, aux incesteurs. » La chercheuse estime qu'il n'y aura pas de changement de paradigme en matière d'inceste « tant qu'il n'y aura pas une prise en compte d'un ordre social qui est complaisant tous azimuts ».

CHAPITRE IV

#METOO EST AUSSI UNE BATAILLE SOCIALE

« LES VIOLENCES S'INTÈGRENT DANS LA DIVISION SEXUÉE DU TRAVAIL »

Entretien avec Fanny Gallot
Par Lénaïg Bredoux

Fanny Gallot est historienne. Elle a notamment publié *En découdre. Comment les ouvrières ont révolutionné le travail et la société* (La Découverte, 2015) et dirigé, avec Ludivine Bantigny et Fanny Bugnon, *Prolétaires de tous les pays, qui lave vos chaussettes ? Le genre de l'engagement dans les années 1968* (Presses universitaires de Rennes, 2017).

Les violences sexistes et sexuelles sont-elles aussi une question de travail ?

La question des violences sexistes et sexuelles est montée en puissance dans le monde du travail depuis une quarantaine d'années. Des lois sur le harcèlement sexuel et le harcèlement moral ont été adoptées ; des organisations syndicales – même si elles se trouvent elles-mêmes traversées par des dénonciations de violences – s'en sont emparées ; des associations comme l'AVFT (Association européenne contre les violences faites aux femmes au travail) l'ont beaucoup documentée. Ces violences s'intègrent totalement dans la division sexuée du travail : dans la hiérarchisation qui existe au sein du monde du travail, les femmes se retrouvent souvent harcelées et agressées du fait de leur position, et de la domination structurelle dans la société.

Mais, même si cette question est progressivement prise en charge, et que des obligations de formation existent, elle perdure largement.

Ces violences sont favorisées parce que les femmes se trouvent plus souvent en position de subordonnées. Mais ne constituent-elles pas aussi des freins supplémentaires à leur carrière ? Il arrive aux femmes de devoir renoncer à des postes, changer de travail, fuir des situations à risque...

En effet, ces violences sont le produit de la division sexuée du travail et elles la renforcent en retour. Par exemple, dans l'Éducation nationale, il est courant de muter dans un autre établissement des personnes visées par des signalements de violences sexistes et sexuelles. Les femmes, quant à elles, ne peuvent pas prendre confiance et gravir les échelons si elles le souhaitent : elles constatent la protection qui entoure des agresseurs en position de domination.

#MeToo change-t-il cette réalité ?

Oui, sûrement. Il faudrait des enquêtes plus systématiques pour en mesurer précisément les effets. Mais on observe que des prises de parole se succèdent dans différents secteurs d'activité, même si persiste une difficulté à trouver les sanctions adéquates. Par ailleurs, si les remontées de violences sexistes et sexuelles au travail sont plus nombreuses, la volonté perdure de mettre en cause cette parole. On entend encore : « c'est parole contre parole ».

#MeToo n'a pas non plus été jusqu'à une déconstruction plus générale du sexisme. On n'en est pas là du tout. L'idée du continuum de violences permet pourtant de rappeler que, derrière, par exemple, des blagues en apparence anodines, une norme se réitère qui permet et favorise les violences sexistes et sexuelles. Le sexisme ambiant existe encore partout.

#MeToo est-il aussi une bataille sociale ?

Ce mouvement mondial est également devenu une bataille sociale, au sens où les organisations syndicales de transformation sociale se l'approprient : la FSU (Fédération syndicale unitaire), Solidaires ou la CGT (Confédération générale du travail), notamment, produisent des « violentomètres » assez largement diffusés, des brochures sur les violences sexistes et sexuelles, elles organisent des formations. Tout cela a permis une accélération de la prise en charge féministe depuis le milieu des années 2010, d'autant que les nombreux collectifs féministes qui se créent exercent une pression sur le sujet.

En revanche, en France, le lien entre néolibéralisme et violences sexistes et sexuelles, au cœur des appels à la grève féministe, reste peu explicité. Dans d'autres pays, comme en Argentine, cette corrélation entre le néolibéralisme – qui précarise davantage, favorise le travail informel et s'articule aux discriminations ethno-raciales – et le développement des féminicides est établie par les féministes. Moins les femmes ont de ressources pour s'organiser et combattre les violences sexistes et sexuelles, plus elles s'y trouvent exposées. Sans compter que les syndicats peinent à organiser les femmes les plus isolées du fait de leur extrême précarité.

En France, l'échec de la mobilisation sur les retraites s'est-il joué le 8 mars 2023, avec la faiblesse relative de la « grève féministe » ?

Ce mouvement a été explicitement beaucoup plus féministe que tous les mouvements antérieurs contre les réformes des retraites. L'idée que cette réforme allait davantage pénaliser les femmes a saturé le débat public. Il y a eu cette année trois fois plus de rassemblements le 8 mars que l'année précédente. Et des cortèges féministes ont participé à presque toutes les manifestations.

Pourtant, en effet, le 8 mars 2023, au lendemain d'une manifestation historique et d'un appel à mettre la France à l'arrêt, l'intersyndicale, divisée sur le sujet, n'a pas appelé à la grève féministe, mais seulement à « se saisir » du 8 mars : cette action, a-t-elle estimé, ne pouvait constituer un outil d'élargissement du mouvement. L'enjeu alors, pour les organisations syndicales les plus radicales, était la reconduction de la grève dans ce qu'elles considèrent être des secteurs stratégiques – par ailleurs très masculins : les cheminots, l'énergie, la pétrochimie... Mais cette stratégie reste-t-elle pertinente au vu de l'organisation actuelle du capitalisme ?

Je me demande si des appels à faire grève dans les Ehpad, dans les entreprises privées de sous-traitance du nettoyage, etc., ou encore à faire la grève du travail domestique non rémunéré ne pourraient pas devenir les nouvelles orientations stratégiques. Axe supplémentaire du mouvement social, la grève féministe peut aussi aider à en repenser toute la stratégie, y compris autour du travail salarié. Cette mobilisation sur les retraites a montré l'enjeu de désandrocentrer le travail, et même de désandrocentrer la grève.

Dans l'usine de Vertbaudet, dans le Nord, des femmes ont mené une lutte médiatisée pendant soixante-quinze jours de grève. Est-ce un symbole à vos yeux ?

À Vertbaudet, les grévistes ne se disaient pas nécessairement féministes mais, de fait, leur mobilisation s'appuie sur cette idée de désandrocentrer le travail. Car ce mouvement illustre les questions à la fois du temps partiel – il conduit à des inégalités de carrière se traduisant par un différentiel de 40 % entre les retraites des femmes et celles des hommes –, des familles monoparentales, de l'impossibilité de joindre les deux bouts et du travail domestique non rémunéré.

Ce mouvement dit la déqualification du travail professionnel qui conduit à une faible rémunération du fait de la naturalisation des compétences féminines, et donc du fait de la division sexuée du travail et du « mépris » qui l'accompagne – à l'image des grèves des accompagnants d'élèves en situation de handicap (AESH), des agents territoriaux spécialisés des écoles maternelles (ATSEM), de la mobilisation des aides à domicile ou encore des ouvrières du nettoyage des hôpitaux n'ayant pas bénéficié de la prime Covid, ou des femmes de chambre.

Ces dernières années, ces mobilisations de femmes souvent issues des classes populaires racisées ont été nombreuses et quelquefois victorieuses. Certaines de ces problématiques se trouvaient au cœur du mouvement des Gilets jaunes et de la mobilisation contre la réforme des retraites.

LES RETRAITES, UN MOUVEMENT SOCIAL FÉMINISTE ?

Par Dan Israel

Cela n'aura été qu'une longue bataille de communication pour tenter de nier l'évidence. Pendant des mois, le gouvernement s'est efforcé de faire accepter aux travailleurs et aux travailleuses que la réforme des retraites qu'il a imposée au pays était porteuse de « justice » et de « progrès social » pour tous. Mais aussi, promettait-il, pour toutes. Dès la présentation de la réforme le 10 janvier 2023, la Première ministre, Élisabeth Borne, s'est attelée à convaincre que les femmes en sortiraient gagnantes. Le ministre du Travail, Olivier Dussopt, a quant à lui martelé qu'elle ne ferait « pas de perdant ».

Les faits sont têtus, pourtant. La réforme des retraites, entrée progressivement en vigueur à l'automne 2023, fait bel et bien des perdants. Et encore davantage de perdantes. Le texte, définitivement validé à l'Assemblée nationale après le rejet d'une motion de censure le 20 mars, entérine un recul de deux ans de l'âge à partir duquel ont le droit de prendre leur retraite tous ceux et toutes celles qui ont commencé à travailler après vingt et un ans. Dès 2027, il faudra aussi avoir cotisé pendant quarante-trois ans pour avoir droit à une pension complète, alors qu'il était jusque-là prévu que cette obligation n'interviendrait qu'en 2035.

Dès la fin du mois de janvier, l'étude d'impact de la réforme, que le gouvernement a lui-même fait circuler, le démontrait sans appel : le report de l'âge légal sera plus marqué pour les femmes. Celles nées en 1972, prévoyait l'étude, verront leur âge moyen de départ augmenter de neuf mois en moyenne, contre cinq mois pour les hommes de la même génération. Pour la génération née en 1980, l'effort sera deux fois plus important pour elles que pour eux, puisqu'elles partiront huit mois plus tard contre quatre pour les hommes.

« Évidemment, si vous reportez l'âge légal, elles sont un peu pénalisées. On n'en disconvient absolument pas. Sur ce point-là, elles sont un peu plus impactées que les hommes. » L'aveu date du 23 janvier, et a été livré en direct, à l'antenne de Public Sénat, par Franck Riester. Le ministre des Relations avec le Parlement ne faisait là que reconnaître la réalité. Mais cette petite phrase a constitué la première sortie de route d'un membre de l'exécutif sur ce sujet de la retraite des femmes, qui n'en a plus fini, ensuite, de hanter le gouvernement.

Un combat pour la clarté du débat public

L'erreur de communication a été immédiatement identifiée par Matignon, mais il était trop tard. En quelques mots, le ministre venait de fracasser la vitrine soignée que ses collègues tentaient d'élaborer autour du projet porté contre vents et marées par Emmanuel Macron. Et cette vérité livrée sur un plateau est venue rappeler, s'il le fallait encore, que, dans le monde du travail aussi, les femmes ont plus d'un combat à livrer. Combat pour la clarté du débat public, combat pour la vérité et combat pour l'égalité.

Il n'y avait qu'à se promener dans les manifestations, partout en France, pour vérifier que ce constat est largement partagé. À Paris le 19 janvier, premier jour de rassemblement à l'appel de l'intersyndicale, c'est Séverine, cinquante-quatre ans, membre d'Attac et de son collectif féministe Les Rosies, qui arborait fièrement un maquillage de zombie, symbole d'une réforme qui fera travailler « jusqu'à la mort ». Cette ancienne cadre dans une galerie d'art, au chômage après un burn out, disait déjà, tout au début de la mobilisation, que la réforme allait s'attaquer particulièrement aux femmes, qui gagnent moins que les hommes et dont les carrières sont plus hachées, et dénonçait « un projet de totale régression ».

Le 31 janvier à Marseille, c'est Gilles, délégué syndical chez Sodexo, géant de la restauration collective, qui constatait : « Il y a beaucoup de femmes chez nous avec des petits contrats qui gagnent des 700, 800 euros. » Alors que, dans les métiers de la restauration, on piétine, on porte de lourdes marmites, on ne ménage pas ses articulations… « En général, à cinquante-neuf ans, on est cassé et la direction nous propose des ruptures conventionnelles pour se débarrasser de nous. »

Le 11 mars dans la capitale une nouvelle fois, alors que la réforme s'acheminait vers l'adoption définitive, c'est Claude, Marie-Claire, Brigitte et Djida, la cinquantaine passée, chasuble orange CFDT sur le dos, qui ne décoléraient pas. « Tout le monde sait qu'après cinquante-cinq ans, pour les employeurs, on est de la merde. On attend quoi, qu'on soit au chômage plus longtemps en fin de carrière ? », lançaient-elles, elles qui exercent un travail physique pour le compte d'associations franciliennes. « Nous représentons les fameux travailleurs invisibles de la pandémie, ceux qu'on était censé récompenser. Et voilà notre récompense. Tout ça est lamentable. »

Perte des « bénéfices familiaux »

« Je ne peux pas laisser dire que notre projet ne protégerait pas les femmes. Au contraire », avait pourtant tenté d'argumenter Élisabeth Borne à l'Assemblée nationale, dès le lendemain de la présentation de la réforme. Elle avait garanti qu'elle allait réduire « les inégalités inacceptables entre les femmes et les hommes au moment de la retraite ». Le 1er mars encore, dans le magazine *Elle*, la Première ministre assurait que la réforme ne pèserait « pas plus sur les femmes que sur les hommes ». C'était peine perdue.

En transformant la « grande cause » du quinquennat qu'était censée être l'égalité hommes-femmes en « grande com' » de sa réforme, le gouvernement ne pouvait que s'embourber. Car la vérité, c'est que, avec sa réforme, les femmes ont perdu une partie de leurs « avantages » liés à la maternité. Dans le privé, pour chaque enfant, elles peuvent obtenir jusqu'à huit trimestres supplémentaires, et quatre trimestres dans le public. Et c'est en vertu de ces trimestres acquis que de nombreuses femmes obtenaient jusque-là le droit de partir à la retraite à soixante-deux ans. La suite est imparable : en faisant reculer de deux ans l'âge légal de départ et en les contraignant à attendre soixante-quatre ans, l'exécutif a partiellement annulé l'effet de ces « bénéfices familiaux » pour les femmes. Et la mesure de compensation votée *in extremis* n'effacera pas cette perte.

Là où le projet de loi ne prévoyait initialement rien pour les mères, c'est la droite sénatoriale qui a fait adopter le principe d'une légère « surcote » : elle donne droit à une majoration du montant de la pension de 1,25 % par trimestre (soit 5 % par an) pour toutes les personnes ayant obtenu au moins un trimestre de majoration au titre de la maternité, de l'adoption ou de l'éducation des enfants, et qui seront obligées de continuer à travailler alors qu'elles ont atteint la durée de cotisation requise dès soixante-trois ans (un an avant l'âge légal de départ). « Cela touchera 30 % des femmes d'une génération », soit « 130 000 personnes » par an, selon le rapporteur Les Républicains du texte au Sénat.

La borne de 67 ans n'a pas bougé

Quelques jours à peine après avoir présenté sa réforme, la Première ministre affirmait pourtant sans rougir : « Nous protégeons les femmes qui ont des carrières incomplètes et hachées, les femmes qui ont commencé à travailler tôt, les femmes qui ont des petites pensions. » Cette promesse est en fait le fruit d'une sacrée acrobatie intellectuelle. Car, si la réforme n'offre que peu – ou pas – de progrès aux femmes ou aux mères, il est vrai qu'elle ne touche pas à un paramètre : l'âge auquel les assurés ont le droit de partir à taux plein, même s'ils n'ont pas réuni le nombre de trimestres suffisant, qui reste à soixante-sept ans. « Élisabeth Borne nous regarde dans les yeux et répète à trois reprises que c'est "juste" et "favorable" aux femmes ? », s'indigne Rachel Silvera, une économiste féministe qui travaille régulièrement pour la CGT. « C'est un scandale, c'est dingue ! Elle nous dit : "J'aurais pu décaler à soixante-neuf ans l'âge d'annulation de la décote, mais rassurez-vous, je ne vais pas le faire." »

L'économiste rappelle que 19 % des femmes attendent aujourd'hui d'avoir soixante-sept ans pour prendre leur retraite

« à taux plein » et échapper à la décote, contre 10 % des hommes. Et elle souligne une subtilité, que la Première ministre s'est bien gardée de détailler : même en maintenant la limite à soixante-sept ans, la réforme pénalisera tous ceux et toutes celles qui devront attendre jusque-là, car elle fera diminuer (légèrement) le montant de leur pension ! En effet, un ou une assuré·e qui part à l'âge du « taux plein » sans avoir réuni le nombre de trimestres suffisant voit tout de même le montant de sa pension raboté : il reste calculé au prorata du nombre de trimestres acquis, par rapport à la durée légale ; lorsque cette dernière augmente, la pension touchée pour un même nombre de trimestres cotisés baisse obligatoirement… « Les femmes qui ont des carrières interrompues et avec beaucoup de temps partiels seront les grandes perdantes », assure Rachel Silvera.

Là non plus, le gouvernement « n'en disconvient absolument pas ». Mais, faute de grives, il a essayé de nous faire manger des merles. S'il est incapable de vendre un progrès, il peut toujours essayer de vendre le *statu quo* comme une bonne chose. Ainsi, dans *Les Échos*, juste après le dévoilement de l'étude d'impact, Olivier Dussopt a tenté d'insister sur les mesures du projet de loi « qui ne creusent pas les inégalités entre les hommes et les femmes ». Doit-on s'en réjouir, tant ces inégalités sont déjà béantes ?

Selon l'Insee, le revenu salarial des femmes reste inférieur de 22 % en moyenne à celui des hommes. En toute logique, cela se répercute sur les pensions de retraite. En 2020, la pension moyenne de droit direct des femmes était encore inférieure de 40 % à celle des hommes, indique la Direction de la recherche, des études, de l'évaluation et des statistiques (Drees) dans son panorama 2022 sur « les retraites et les retraités ». Soit 1 154 euros par mois en moyenne pour les femmes contre

1 931 euros pour les hommes. « Cet écart est en baisse continue », souligne toutefois le rapport, rappelant qu'en 2004 il s'établissait à 50 %. Par ailleurs, « en tenant compte des pensions de réversion, dont les femmes bénéficient en majorité » (à la mort de leur mari, elles touchent une partie de sa retraite), « les écarts se réduisent un peu, à 28 % ».

Ce fossé, l'exécutif entend le réduire encore. Vantant « une marche progressive vers l'égalité », Olivier Dussopt évoque un écart ramené à 20 % pour la génération née en 1971. « La pension moyenne des femmes sera revalorisée de 2,2 % alors que celle des hommes le sera de 0,9 % à horizon 2030 », indique le ministre du Travail... avant d'ajouter : « du fait du différentiel du temps de cotisation ». Dit autrement : parce que les femmes vont travailler davantage.

« Elle va frapper les vieilles femmes, qui portent tout »

« L'indécence de cette réforme, c'est qu'elle touche les personnes qui sont le plus vulnérables dans la société et qui ont encore plus souffert des inégalités et des discriminations », cinglait Anne-Cécile Mailfert, la présidente de la Fondation des femmes, sur le plateau de Mediapart lors de notre soirée spéciale le 10 mars 2023. Elle rappelait que « cette réforme ne concerne pas toutes les femmes, mais va frapper les vieilles femmes ». Or, « ces vieilles femmes, elles portent tout, elles portent le poids de la société » : « C'est elles aujourd'hui qui sont majoritaires dans les associations, qui tiennent le lien social, c'est elles qui aident leurs petits-enfants, c'est elles qui accompagnent leurs compagnons jusqu'à leur fin de vie. C'est elles qui ont sacrifié toute leur vie et qui, à la retraite, se sacrifient deux fois plus. »

D'ailleurs, le ministre du Travail lui-même le reconnaissait dans *Les Échos* : « Nous ne pouvons pas demander à notre système de retraite de réparer les inégalités de carrière accumulées tout au long de la vie. » Et sur France Inter, le 6 février, le ministre de l'Économie, Bruno Le Maire, a été tout aussi direct : « L'égalité au travail entre les femmes et les hommes est un grand combat, il doit continuer à être livré. Mais ce n'est pas le combat de la réforme des retraites qui, elle, doit nous amener tous à travailler plus longtemps pour garantir la stabilité de notre régime. » Les éléments de langage ont été bien appris. Sur France Info, quasiment à la même heure, Aurore Bergé, présidente du groupe Renaissance à l'Assemblée nationale, clamait être « profondément féministe »... tout en affirmant que « le féminisme, ce n'est pas de venir corriger uniquement à soixante-deux ou soixante-quatre ans les inégalités parce qu'en vérité, on vient constater des inégalités qui ont existé tout au long de la carrière ».

Mieux : à en croire Gabriel Attal, alors ministre délégué aux Comptes publics, « les femmes savent bien qu'aujourd'hui, au moment de la retraite, elles sont déjà désavantagées ». Elles le savent, merci bien. Mais le gouvernement n'a jamais eu, au fond, l'intention de régler ce détail. « On veut le retrait, ce n'est pas négociable », assénait en retour Lucie Lambert, infirmière au CHU de Toulouse et membre de l'inter-organisation féministe de l'Hérault, pleinement mobilisée pour la préparation de la « grève féministe » organisée pour le 8 mars, journée internationale de lutte pour les droits des femmes. Pour la militante, le mot d'ordre était simple : « Je veux avoir une retraite correcte et une reconnaissance de la pénibilité de mon métier. »

« Nous sommes majoritaires dans les emplois à temps partiel et morcelés, et avons plus souvent des parcours discontinus du fait d'emplois plus précaires ou de la parentalité dont la charge de temps nous est souvent réservée », expliquait la Coordination féministe dans son appel. Mais, même si cet appel à faire de ce 8 mars 2023 une nouvelle étape dans la mobilisation contre la réforme était soutenu par les principales organisations féministes, par les partis de gauche et par certains syndicats (Solidaires, CGT, FSU), l'intersyndicale n'a pas lancé de réel appel à la grève pour ce 8 mars. La mobilisation de la veille avait pourtant attiré 1,28 million de manifestants, selon le ministère de l'Intérieur, ce qui en faisait la plus grosse journée de manifestation organisée par des syndicats depuis des décennies.

Ce manque d'enthousiasme résonne cruellement face au cri de Dominique Risebois, salariée chez Monoprix et militante CGT. Ses journées sont difficiles. Lever très tôt pour arriver à 6 heures au magasin, « tirer des palettes, mettre en rayon, faire le nécessaire pour que tout le monde soit bien reçu à 8 heures ». Le tout pour un salaire de 1 200 à 1 300 euros. « Je ne me vois pas arriver jusqu'à soixante-quatre ans », confiait-elle sur notre plateau le 10 mars. « J'ai déjà des problèmes de santé, mais je me force à travailler, je me force à me lever. Mais soixante-quatre ans ? Moi, je veux voir mes petits-enfants, je ne veux pas mourir pour le travail. On veut travailler, prendre notre retraite et vivre de notre retraite. »

DE TRANSAVIA À VERTBAUDET, DES LUTTES EXEMPLAIRES

Par Yunnes Abzouz et Sarah Bos

Horaires décalés, salaires modestes, plannings infernaux, petits chefs autoritaires, parfois accusés de violences sexuelles : les luttes feministes existent depuis longtemps dans les entreprises. On se souvient des agentes de nettoyage de la gare du Nord, à Paris, accompagnées pendant plusieurs années par l'Association européenne contre les violences faites aux femmes au travail (AVFT), ou des femmes de chambre de l'hôtel Ibis Batignolles, victorieuses après des mois de grève.

Le plus souvent, ces luttes restent dans l'ombre, loin des radars médiatiques, et à bas bruit, tant celles qui dénoncent prennent des risques. Il y a plusieurs années, l'AVFT avait estimé que 90 % des femmes qui dénoncent des faits de violences sexistes ou sexuelles perdent leur emploi. Cette statistique s'appuyait sur les dossiers suivis par l'association spécialisée : leur lecture montrait des femmes mutées dans un service différent de celui de la personne qu'elles accusaient, ou qui finissaient par démissionner parce qu'elles n'avaient pas été écoutées et qu'aucune enquête interne n'avait été déclenchée. Le tout, parfois, avec le soutien de certains syndicats, plus soucieux de protéger leurs adhérents que de lutter pour l'égalité de tous·tes au travail.

À Transavia, la filiale low cost d'Air France, plusieurs hôtesses ont mené la bataille. Elles ont fini par obtenir gain de cause. Mais à quel prix ?

Une victoire « amère » contre Transavia

Dans une décision rendue le 20 octobre 2022, le conseil de prud'hommes de Villeneuve-Saint-Georges (Val-de-Marne) a condamné la compagnie aérienne à verser à une hôtesse de l'air, Marie*, 11 300 euros de dommages et intérêts pour harcèlement sexuel et manquement à ses obligations de prévention et de sécurité.

Marie fait partie d'un groupe de quatre hôtesses de l'air ayant dénoncé des agressions sexuelles commises par le même pilote d'Air France, détaché à Transavia au moment des faits. Deux d'entre elles ont porté plainte. S'il a d'abord été relaxé, en janvier 2021, par le tribunal correctionnel de Créteil, cet ancien militaire de cinquante-six ans a finalement été condamné par la cour d'appel de Paris, le 17 mai 2022, à quinze mois d'emprisonnement avec sursis et 20 000 euros d'amende. Les juges ont reconnu des faits d'une « particulière gravité » qui ont « indéniablement et durablement porté atteinte à l'intégrité physique et psychologique des parties civiles ».

Marie est la première à en avoir informé l'entreprise. Elle relate un épisode de harcèlement sexuel survenu lors d'une escale à Marrakech en mars 2018, puis une agression sexuelle commise le 30 novembre suivant à la fin d'un vol Paris-Séville par ce même commandant de bord. Après avoir alerté sa supérieure hiérarchique quelques jours plus tard, Marie dénonce officiellement les faits par écrit dans un courrier envoyé le 11 décembre.

Faute d'avoir pu « établir de manière certaine l'authenticité des faits », l'entreprise décide de classer l'enquête le 31 janvier 2019, date à laquelle le commandant de bord reçoit un courrier lui rappelant que « l'usage de propos à caractère grivois et déplacé est à proscrire et ne peut être toléré ». Le 19 février, une deuxième hôtesse de l'air déclare auprès de Transavia avoir été victime d'une agression sexuelle de la part du même commandant de bord à la fin d'un vol, le 9 novembre 2018. Une troisième victime se fait connaître le 2 avril 2019 pour des faits remontant à janvier 2017, provoquant la tenue d'une session extraordinaire du comité social et économique (CSE).

Si Transavia assure auprès de Mediapart avoir, « dès la connaissance des faits », « pris en compte avec la plus grande attention la parole de [sa] collaboratrice » et avoir « immédiatement diligenté une enquête interne », le conseil des prud'hommes estime que l'enquête menée « n'a pas été sérieuse, rapide, impartiale et contradictoire ». Transavia a « réagi tardivement et de manière insuffisante », écrit-il dans la décision à laquelle nous avons eu accès. En cause notamment, le fait que la salariée ait été entendue un mois après les faits et que seuls deux membres de l'équipage aient été convoqués au cours de l'enquête interne, alors que plusieurs témoins confirmeront auprès de la police avoir bien entendu le commandant de bord tenir des propos à connotation sexuelle. Lui-même, s'il nie toute agression sexuelle, a reconnu au cours de ses différentes auditions avoir tenu des « propos grivois ».

Le conseil retient également le fait que la salariée n'a pas été informée du résultat des entretiens, ni des mesures qui ont été prises à l'égard du pilote. Il est par ailleurs « établi », juge le conseil, que la compagnie Transavia « n'a pas fait preuve de neutralité lors des entretiens, notamment lorsqu'elle cherchait à dissuader la plaignante de dénoncer les faits [...] et qu'en parallèle, elle conseillait au pilote de porter plainte pour diffamation ». Quant à la prise en charge de la salariée, le conseil souligne que la mesure d'aide psychologique n'a été proposée qu'au mois de février 2019, « soit deux mois après les faits ». Mise en avant par Transavia, l'adaptation des plannings survenue dès le 5 décembre 2018 pour éviter que l'hôtesse et le pilote ne se retrouvent sur le même vol « n'excluait pas le fait qu'ils puissent encore se croiser sur le lieu de travail », comme le parking du personnel de l'aéroport ou dans la salle de briefing.

En cherchant à « minimiser » le signalement de Marie et en se décidant à déprogrammer de vol le pilote « seulement » à l'issue du troisième signalement, Transavia « a manqué à son obligation de sécurité ». En matière de prévention, la compagnie est par ailleurs « dans l'incapacité de démontrer la mise en œuvre de formation de sensibilisation, d'affichage sur le sujet du harcèlement sexuel au travail, antérieurement aux faits dénoncés ». Obligatoire depuis le 1er janvier 2019, le référent harcèlement sexuel n'a quant à lui été désigné qu'en juillet de la même année. Le conseil juge cependant que, s'il a constaté les manquements de l'entreprise au moment des faits, « il apparaît que des mesures ont été prises pour y remédier » depuis.

La victoire est « amère » pour Marie et l'AVFT. « Onze mille trois cents euros, c'est ce que cela coûte à un employeur comme Transavia de manquer à toutes ses obligations », réagit Mathilde Valaize, juriste qui représentait l'AVFT lors de l'audience. « Nous avons un fossé entre la rédaction de cette décision, qui est limpide, et le montant des dommages et intérêts, qui est particulièrement faible », poursuit-elle. « Qu'on me reconnaisse comme victime, mais qu'on ne me rembourse pas la totalité des frais d'avocats, et que l'association ait été déboutée de ses demandes, c'est une déception », indique Marie. « Cela signifie qu'on reconnaît le préjudice pour une personne, mais pas à une plus large échelle. » Lors de l'audience de première instance, l'hôtesse de l'air avait affirmé rester au sein de son entreprise par amour pour son métier, mais espérait que le procès pousserait Transavia à « comprendre qu'ils ont fait une erreur et qu'ils ne doivent plus la reproduire à l'avenir ».

Chez Vertbaudet, au Smic après vingt-huit ans

Soixante-cinq jours de grève pour soixante-douze salarié·es, majoritairement des femmes. Le mouvement social dans l'entrepôt de Marquette-lez-Lille (Nord) de l'enseigne de puériculture Vertbaudet, démarré le 20 mars 2023, a cessé dans la soirée du 2 juin. La CGT, minoritaire dans l'entreprise mais menant la grève, ainsi que la CFTC et FO, qui ne faisaient pas partie du mouvement, ont trouvé un accord avec la direction. Celui-ci prévoit « une refonte » de la grille salariale avec une augmentation de tous les salaires d'au moins 4 % dès le début juillet 2023, comme le réclamaient les grévistes.

La lutte de ces femmes issues de milieux populaires est devenue un symbole. Mi-avril, Sophie Binet, la nouvelle secrétaire générale de la CGT, était venue leur rendre visite, et elle avait initié un mois plus tard une tribune signée par un collectif de personnalités féminines saluant, dans *Le Monde*, la « lutte exemplaire » des employées de Vertbaudet, « à l'image des millions de femmes, scotchées à un plancher collant qui les retient dans des emplois dévalorisés et sous-payés à cause d'un management sexiste ».

La grève, chez Vertbaudet, aujourd'hui détenu par le fonds d'investissement Equistone, est exceptionnelle. C'était même la première de celles qui tenaient le piquet de grève quand Mediapart est venu les voir, fin mai. Ces travailleuses passent pour 1 300 euros net par mois, la journée debout à tester, à préparer et à emballer les poussettes et gigoteuses commandées en ligne. « J'avais réussi à m'élever un peu au-dessus du Smic, mais avec l'indexation du Smic sur l'inflation, je suis retombée au niveau du salaire minimum », désespérait alors Sylvia, arrivée dans l'entreprise en 1986. Elle qui emballe des commandes depuis ses dix-sept ans est lassée de répéter inlassablement les mêmes gestes. « On ne s'en sort pas avec nos salaires. J'ai la chance d'avoir un compagnon qui travaille, mais avec l'explosion des prix du gaz et les charges fixes, c'est un salaire entier qui s'envole au début du mois. Quand je fais les courses, j'achète les produits en fonction des promotions et plus en fonction de mes envies. »

L'inflation record des derniers mois donne une caisse de résonance nationale aux revendications des salariées de Vertbaudet. Le député Insoumis David Guiraud a interpellé à l'Assemblée nationale plusieurs ministres et a appelé au boycott de l'enseigne : « N'acceptez pas d'acheter à une marque qui brutalise les femmes. Boycottez Vertbaudet ! »

« Tout ce soutien nous conforte dans notre combat. On se rend compte qu'on n'est pas les seules à se tuer la santé au travail pour un salaire médiocre. Et puis ça remplit la caisse de grève. Sans ça, je serais retournée à l'entrepôt depuis longtemps », s'enthousiasmait Maya, vingt-trois ans de maison. D'abord réticente, Peggy, vingt-huit ans dans l'entreprise, avait aussi fini par se lever de sa chaise pliante pour déballer sa colère : « On nous traite comme ça parce qu'on est pour la plupart des mères isolées. La direction a compris qu'on avait besoin de ce travail pour la survie de nos familles. » Peggy peine à tenir les cadences infernales du travail à la chaîne. Depuis qu'elle a été déclarée inapte à certaines tâches en raison de ses problèmes de dos, elle travaille à l'emballage. « On approche toutes de la cinquantaine, donc le corps est déjà bien usé, on sait qu'on est fatiguées. »

Elle subvient seule aux besoins de sa fille de treize ans. En plus de son maigre salaire de 1 300 euros, elle cumule une vingtaine d'euros d'aide personnalisée au logement (APL), la prime d'activité, et une petite pension alimentaire. « C'est malheureux de savoir qu'on travaille et qu'on doit compter sur les aides de l'État pour vivre », soupire-t-elle. « Je pense que, sans toutes ces aides, les patrons seraient obligés de nous augmenter. »

Avec leur salaire à peine suffisant pour nourrir leurs enfants, la grève des petites mains de Vertbaudet met en lumière une question centrale : comment les femmes peuvent-elles s'émanciper de leur conjoint sans indépendance financière ? « Dans ces métiers, l'organisation du travail se fonde sur l'idée que les femmes n'ont pas de compétences, que faire preuve de minutie est naturel et n'est que le prolongement de leur rôle de mère », analyse l'historienne Fanny Gallot. « Elles sont déqualifiées, leurs compétences professionnelles sont naturalisées, et, en conséquence, elles sont sous-payées. »

Jennifer, contrôleuse qualité, est logée à la même enseigne que ses collègues, après onze ans au service de Vertbaudet, dont six années en tant que vendeuse en boutique : 1 300 euros brut par mois. Dans l'entrepôt, elle déballe de gros colis, entre 30 et

50 kilos, et monte à même le sol des meubles, des jouets ou des lits superposés, pour en contrôler la qualité. Les jambes, le dos, les bras, tous ses muscles sont sollicités. L'hiver venu, s'ajoutent les couches de vêtements. Parfois, le thermostat affiche 9 °C dans le hangar. « En décembre, j'ai fait deux sinusites, mais j'ai continué à travailler, car avec trois jours de carence, je ne pouvais pas me permettre de perdre 300 euros pour une semaine d'arrêt », raconte-t-elle en tirant sur sa cigarette.

Avec trois enfants à charge, cette mère célibataire doit tout assumer avec son Smic. L'inflation l'oblige à faire des sacrifices : « Je payais 150 euros de dépenses d'énergie, maintenant, c'est 350. Pour compenser, on a supprimé tous les plaisirs. » Une roue à changer ou un frigo à réparer : elle en a conscience, l'équilibre financier de son foyer tient à un imprévu près. « Je fais quoi pour subvenir aux besoins de mes enfants ? Je prends un deuxième travail ? Dans ce cas, je ne pourrai plus assurer le suivi scolaire, je n'aurai plus le temps de les voir, de les éduquer. Un deuxième travail pour se payer une maison, d'accord, mais là, c'est juste pour vivre dignement. »

Ce discours ne convainquait pas tout le monde. Le mouvement de grève a suscité de vives tensions à l'intérieur de l'usine. Une lettre ouverte, écrite selon la direction à l'initiative de quatre cents salarié·es, dont un tiers travaillent au siège parisien de la marque, décrit une « ambiance de travail sereine et conviviale ». De son côté, la CGT a dénoncé des brutalités policières lors d'interventions contre le piquet de grève, contre une gréviste et un militant CGT extérieur venu en soutien. Le parquet a aussi ouvert une enquête sur des violences rapportées par un délégué CGT, qui aurait été molesté et volé par des personnes se présentant comme des « policiers en civil ».

CHAPITRE V

L'OFFENSIVE RÉACTIONNAIRE

« LES PANIQUES MORALES CHANGENT TRÈS VITE D'OBJET »

Entretien avec Alex Mahoudeau
Par Mathieu Magnaudeix

Docteure en science politique, Alex Mahoudeau est autrice de *La Panique woke. Anatomie d'une offensive réactionnaire* (Textuel, 2022).

Six ans après #MeToo, on assiste à un *backlash* (retour de bâton) contre les droits des femmes tandis que se confirme une offensive réactionnaire contre les personnes LGBTQI+, en particulier trans. Ces deux phénomènes sont-ils liés ?

Les mouvements anti-LGBTQI+, antiféministes et masculinistes sont souvent perçus comme autonomes. Ils partagent pourtant une même vision des relations sociales : une défense de la masculinité et de la féminité « traditionnelles », une vision hiérarchique des rapports de sexe – les hommes en haut, les femmes en bas, et l'homosexualité, la transitude et la non-binarité définies comme des perversités. Selon cette conception fantasmatique et réactionnaire, un déclin serait à l'œuvre parce que « les hommes ne sont plus des hommes » et « les femmes ne sont plus des femmes ». Ces groupes pensent que le féminisme et le mouvement LGBTQI+ ont contribué à remettre en cause les structures « saines » de la civilisation.

Les offensives antigenres se déploient en France, en Europe, dans le monde…

En réalité, en France, elles n'ont jamais disparu. Malgré l'adoption du mariage des couples de même sexe en 2013, la Manif pour tous ne s'est pas arrêtée et elle a obtenu des victoires, notamment sur la question du genre à l'école, avec la suppression des ABCD de l'égalité proposés par la ministre Najat Vallaud-Belkacem en 2014. Elle a peut-être moins de militants et d'impact médiatique, mais elle est toujours présente.

En Europe, l'organisation CitizenGo, historiquement rattachée à la droite catholique espagnole et engagée contre les droits des personnes homosexuelles, fait de la lutte contre les personnes trans une priorité. Aux États-Unis, l'attaque massive contre les droits des personnes trans dans les États républicains, qui cible en particulier les adolescents, est organisée de façon stratégique. Elle s'ancre dans une longue histoire et réactive la bataille que menèrent à la fin des années 1970 des figures ultra-conservatrices comme Phyllis Schlafly (1924-2016) contre les droits des homosexuels, et au nom de la protection de la famille hétérosexuelle. À l'époque déjà, cette panique morale s'inscrivait dans un contexte de libération individuelle et professionnelle des femmes.

Il s'agissait aussi d'envoyer un message conservateur aux femmes : « Attention, vos enfants sont en danger, ne les laissez pas aux mains d'inconnus », avec, en sous-texte : « Si vous ne travailliez pas, si vous n'envoyiez pas vos enfants à l'école publique, si vous étiez la femme dont rêve le patriarcat, vos enfants seraient mieux protégés. » Des décennies plus tard, le parallélisme est frappant avec la politique menée en Floride par le gouverneur républicain Ron DeSantis : guerre déclarée à la « propagande LGBT » et au « wokisme », lois transphobes, lois contre l'enseignement public…

Les slogans antigenres et antitrans peuvent aussi venir de personnes s'affirmant féministes, lesbiennes ou gays.

Parler d'« antigenres » est peut-être un contresens, car celles et ceux qu'on désigne ainsi sont en réalité obsédés par le genre, au sens où ils défendent une conception des rapports de genre figée et patriarcale.

Mais oui, les pistes sont parfois brouillées : un certain nombre de personnalités mises en avant par ces mouvements sont issues du féminisme ou des droits LGBTQI+, ou en tout cas ont appris leur langage. Il est important de rappeler que cela n'est pas nouveau : il y a toujours eu des femmes antiféministes et des LGBT qui s'opposaient aux droits des homosexuels. Et il y a toujours eu des ex-féministes qui trouvaient que le mouvement allait trop loin.

Pour autant, ne nous laissons pas intoxiquer par les discours de quelques personnes qui, si elles disposent d'un puissant mégaphone et de relais médiatiques, ne représentent qu'elles-mêmes : l'écrasante majorité des organisations féministes considère que la transidentité n'est pas un sujet !

Votre livre publié en 2022 revient sur la « panique morale » autour de la prétendue « idéologie woke », autre cible de l'offensive réactionnaire.

Lorsque j'ai écrit le livre, c'était la question de la race qui se trouvait au cœur des débats. Pas les personnes trans, ni le *drag* comme en ce moment. Les paniques morales changent vite d'objet, et on les oublie rapidement. Le prétendu « wokisme » est un fourre-tout. Ce qui est certain, c'est que les groupes visés sont toujours les mêmes : les femmes, les personnes divergentes sur le plan du genre – y compris d'ailleurs les gays qui pensent que se comporter « normalement » leur permettra de ne pas être ciblés –, les personnes racisées, les travailleuses et travailleurs, etc.

Pour autant, je ne suis pas persuadée que l'extrême droite parvienne à construire un grand mouvement populaire de lutte contre le « wokisme ». Cela ne fonctionnera pas, me semble-t-il. Hors de l'électorat conservateur convaincu, malgré la persistance et parfois le développement des agressions et des discriminations, l'acceptation sociale des personnes trans et de l'homosexualité progresse. Tous les chiffres, en France, indiquent qu'une majorité de la population considère qu'une personne, même mineure, qui souffre de dysphorie de genre (la détresse ressentie par celles et ceux dont le genre ne correspond pas au sexe assigné à la naissance) doit pouvoir bénéficier, si elle le souhaite, d'un traitement pour transitionner, dans la mesure où elle est accompagnée par ses parents et par une équipe médicale.

Certains antitrans nous parlent du « bon sens » qui guiderait leurs propos, et de leur liberté d'expression qui serait menacée lorsque nous les contestons. Opposons-leur le droit au respect : personne n'a à demander si Marie Cau, la maire transgenre de

Tilloy-lez-Marchiennes (Nord), est bien une femme. Pas plus qu'on ne devrait pouvoir remettre en cause le fait qu'un couple homosexuel est un couple comme les autres. Actuellement, la cible, les boucs émissaires des réactionnaires, ce sont les personnes trans. Dans un an, ce seront peut-être d'autres personnes. L'antidote à ces attaques, c'est de ne pas avoir honte. C'est aux transphobes et aux homophobes d'avoir honte.

LA BATAILLE DE L'IVG : LA DÉFAITE AMÉRICAINE

Par Mathieu Magnaudeix,
Patricia Neves et Alexis Buisson

C'est l'histoire d'un immense retour en arrière, dont la puissance et la rapidité ont choqué. Un *backlash* monumental pour le droit des femmes à l'échelle d'un pays tout entier : la première puissance du monde. En juin 2022, l'avortement était encore un droit garanti à chaque Américaine, arraché de haute lutte par les combats féministes, consacré par une décision de la Cour suprême des États-Unis en 1973, appelée « Roe v. Wade ». En quelques mois, cette protection légale du droit des femmes à disposer de leur corps s'est effondrée. À cause d'une autre décision de la Cour suprême, dominée, depuis la présidence de Donald Trump, par les ultra-conservateurs.

L'agence Associated Press a calculé que plus de 25 millions d'Américaines en âge d'avoir des enfants (de quinze à quarante-quatre ans) vivaient en juin 2023 dans des États où l'avortement est fortement restreint, voire interdit. Et la vague n'est pas terminée. Des millions de femmes résident dans des États où pourraient bientôt être votées des lois « pro-life » – l'épithète par laquelle se désignent les anti-avortement, qui affirment « défendre la vie ».

Tout a basculé le 24 juin 2022. Appelés à se prononcer sur l'interdiction de pratiquer une interruption volontaire de grossesse (IVG) après quinze semaines de grossesse dans l'État du Mississippi, les juges de la plus haute juridiction américaine ont estimé que le droit à une IVG « ne fait pas partie de l'histoire et des traditions de la nation ». Fidèles à une lecture fondamentaliste de la Constitution (qui ne fait pas de référence explicite au droit d'obtenir un avortement), ils s'en tiennent à une définition littérale de la notion de liberté telle que définie dans le 14e amendement, ratifié en 1878. Pour l'américaniste Sylvie Laurent, cette décision est un « cataclysme ». La preuve que la Cour suprême est devenue une institution d'« extrême droite » défendant les intérêts et l'idéologie d'une minorité d'Américains.

À Washington ce jour-là, devant l'imposant bâtiment de la Cour suprême, les militants anti-avortement laissent éclater leur joie. « Je tiens à remercier Donald Trump et toutes les femmes qui ont voté pour lui. Sans lui, nous n'aurions pas eu les juges qui ont rendu cette journée possible », lance à la foule Penny Young Nance, directrice de Concerned Women for America, un lobby « pro-vie ». « Aujourd'hui, je songe à toutes les vies de bébés qui vont être sauvées grâce à cette décision », confie Randall Terry, ému. Terry est le fondateur d'Operation Rescue, une organisation connue depuis les années 1980 pour ses actions d'intimidation devant les cliniques qui pratiquent des avortements. « Nous n'allons pas nous arrêter tant que des bébés seront tués », poursuit-il. Un des juges les plus ultras de la cour, Clarence Thomas, considère même qu'après l'IVG, le droit à la contraception et le mariage des couples de même sexe ont aussi vocation à être juridiquement remis en cause.

Agrippée à une barrière de sécurité, Araceli Herrera, quant à elle, pleure à chaudes larmes. Elle souffle : « Où est la justice ? Où est la justice ? » Cette Texane de soixante-deux ans aux longs cheveux blancs a fait le voyage jusqu'à la capitale états-unienne pour raconter son histoire, celle d'une mère d'un enfant né d'un viol, qui a renoncé à ses études universitaires pour l'élever. Elle s'est engagée dans une association pro-choix, Rise Up, afin que d'autres femmes pauvres n'aient pas à faire les mêmes sacrifices qu'elle. Dès ce jour, elle anticipe la cascade de lois anti-avortement qui s'apprête à déferler : « Si les cliniques d'avortement ferment, nous allons perdre l'accès à de nombreux services de planning familial, aux moyens de contraception... »

Des juges ultra-conservateurs aux postes clés

Dans tout le pays, et bien au-delà, la décision de la Cour suprême saisit et choque. Jusqu'au bout, beaucoup n'ont pas voulu y croire. Elle est pourtant le fruit d'une puissante offensive idéologique qui s'est déployée et structurée depuis des décennies.

Celles et ceux qui chercheront à comprendre comment l'Amérique en est arrivée là tomberont inévitablement sur ce nom : Leonard Leo. Fervent catholique, cet avocat de cinquante-sept ans, qui dirige la Federalist Society, milite depuis plus de quatre décennies dans les couloirs du pouvoir pour faire rayonner sa conception conservatrice du droit. Avec d'autres, Leo a tôt compris l'utilité de contester l'avortement devant les tribunaux, mais aussi de former puis de placer des juges adeptes d'une lecture « originaliste » de la Constitution à des postes clés. Aussi bien au niveau fédéral au sein des cours d'appel qu'à la Cour suprême. Ce mouvement légal conservateur, focalisé sur la nomination de juges sympathisants, a vu le jour dans les années 1980, en réponse aux grandes victoires du mouvement des droits civiques. C'est à ce moment-là, sous la présidence de Ronald Reagan, que les conservateurs, pour promouvoir leurs thèses, ont eu l'intuition de porter dans les tribunaux des candidatures marquées idéologiquement à droite.

En 1987, Ronald Reagan échoue lorsqu'il tente de nommer à la Cour suprême le juge Robert Bork, ouvertement opposé à « Roe v. Wade ». Apparu sous Reagan, puis développé sous George Bush, le mouvement légal conservateur s'épanouit sous la présidence de Donald Trump. Avec l'aide du Sénat et de son leader républicain Mitch McConnell, Trump nomme à lui seul trois juges à la Cour suprême, renversant l'équilibre des pouvoirs. C'est ici qu'entre de nouveau en scène Leonard Leo.

En 2016, peu avant l'arrivée de Trump à la Maison-Blanche, les défenseurs du droit à l'avortement remportent une importante victoire. Dans l'affaire « Whole Woman's Health v. Hellerstedt », la Cour suprême décide que les restrictions imposées par l'État du Texas aux cliniques pratiquant des IVG sont inconstitutionnelles : elles font peser, estiment les juges, un trop grand « fardeau » aux femmes quant à leur accès à l'avortement. Leo et le mouvement conservateur cherchent alors la parade. La Federalist Society et le think tank conservateur The Heritage Foundation œuvrent main dans la main. Ces deux organisations suggèrent au candidat Donald Trump d'élaborer une liste des prétendants potentiels qu'il entend nommer à la Cour suprême s'il est élu président. Évidemment, ils soufflent les noms de juristes acquis à leur cause. Neil Gorsuch, Brett Kavanaugh, Amy Coney Barrett : les juges nommés pendant le mandat Trump sont tous des croisés de l'idéologie ultra-conservatrice.

Même l'accès aux pilules abortives est restreint

Dans leur décision de juin 2022, les juges de la Cour suprême ne se contentent pas de revenir sur le droit à l'avortement. Historiquement hostiles à la concentration des pouvoirs au niveau fédéral, ils estiment que c'est désormais aux États de légiférer sur ce sujet. Certains États conservateurs attendaient ce feu vert depuis longtemps. Résultat : dès la décision des juges de Washington, les interdictions d'avorter se succèdent en rafale. Depuis juin 2022, quatorze États républicains, la plupart situés dans l'ouest et le sud des États-Unis, ont interdit la quasi-totalité des interruptions volontaires de grossesse. Dans neuf d'entre eux (Arkansas, Kentucky, Louisiane, Missouri, Oklahoma, Dakota du Sud, Tennessee, Texas, Wisconsin), la loi ne souffre aucune exception. Pas même en cas de viol ou d'inceste.

Les États pénalisent aussi l'aide à l'avortement. En Louisiane, pratiquer sciemment un avortement médicamenteux peut conduire à des peines allant jusqu'à cinq ans de prison. C'est dix ans dans l'Oklahoma. Au Texas, envoyer des pilules abortives par courrier est devenu un délit punissable de deux ans d'emprisonnement. Cinq ans dans le Mississippi, où l'on peut également être inculpé pour racket – un chef d'accusation plutôt réservé aux parrains de la mafia. Ailleurs dans le pays, l'accès aux pilules abortives a été considérablement restreint : dans quinze États, un médecin doit administrer en personne les pilules.

Pour une grande partie de la base républicaine, qui honnit l'avortement au nom de convictions religieuses fondamentalistes, cet effet domino est une divine surprise. L'avenir dira si le calcul politique s'avère électoralement payant pour un Parti républicain désormais ancré à l'extrême droite. En attendant, pour les femmes américaines, il s'agit d'une défaite majeure. Mais aussi d'une catastrophe sanitaire et humanitaire. D'après les Nations unies, ces lois pénalisent particulièrement les « femmes des communautés marginalisées, des minorités ethniques et raciales », mais aussi « les migrantes, les handicapées, les pauvres, les femmes vivant en milieu rural » et toutes celles qui subissent « des relations abusives ».

Dans la plupart des États ayant banni les avortements, le nombre officiel d'IVG est désormais proche de zéro. Pour autant, des femmes continuent d'avorter, mais disposer de son corps est devenu risqué. Dans les États voisins où l'avortement est autorisé, de nouvelles cliniques sont créées. C'est le cas de Wellspring Health Access, une petite clinique ouverte en avril 2023 dans une rue sans histoire de Casper, au cœur du Wyoming, dans l'ouest des États-Unis. Elle propose des avortements et des services allant du planning familial aux soins reconnaissant l'expression de genre pour les personnes trans.

Julie Burkhart, la fondatrice de l'établissement, est une militante infatigable du droit des femmes à disposer de leur corps. Dans sa jeunesse, cette diplômée en sciences politiques a travaillé aux côtés du docteur George Tiller à Wichita (Kansas). Connu dans tout le pays pour pratiquer des avortements tardifs dans cet État très conservateur, Tiller a été assassiné en 2009, après avoir été la cible d'innombrables menaces de mort et de tentatives de meurtre. Julie Burkhart s'occupait à l'époque des activités politiques et législatives de sa clinique. « J'étais à Washington, dans une salle de conférences, quand l'assassinat a eu lieu. Mon téléphone n'a pas arrêté de vibrer. Je me suis dit que quelque chose était arrivé à ma fille », se souvient-elle. Après la mort de son mentor, elle a lancé sa propre organisation, la Trust Women Foundation, qui a rouvert la clinique de Tiller à Wichita, puis en a lancé une autre dans un autre État conservateur, l'Oklahoma. Là-bas, l'avortement est désormais interdit, et la clinique a fermé en juin 2022.

Alors Julie Burkhart a décidé d'ouvrir une nouvelle clinique dans le Wyoming : ce petit État républicain où Donald Trump a obtenu ses meilleurs scores représente un îlot où l'avortement reste possible alors que plusieurs États voisins (Idaho, Dakota du Sud, Dakota du Nord) l'ont interdit. Sa constitution protège même « le droit de chaque adulte capable de prendre ses propres décisions de santé ». Pour combien de temps ? Après la décision de la Cour suprême, le gouverneur républicain du Wyoming, Mark Gordon, a interdit l'avortement et les pilules abortives. Sa loi a été attaquée devant les tribunaux par plusieurs plaignants, notamment par la clinique de Julie Burkhart.

En attendant l'issue de ce bras de fer judiciaire, cette dernière a donc créé sa clinique. Non sans obstacles : le bâtiment a été incendié par une militante anti-avortement, retardant l'ouverture de près d'un an. Et il a fallu recruter du personnel hors de l'État, à cause des intimidations des militants « pro-life » qui harcèlent les visiteurs et les employés. « Les médecins sont des cibles permanentes », explique Julie Burkhart, qui a pris l'habitude de ne pas révéler où elle vit. Pour elle, chaque jour gagné est une victoire. « Même si nous parvenons à voir ne serait-ce qu'une centaine de patient·es, c'est mieux que rien. Au moins, nous aurons essayé », dit-elle.

Des réseaux d'entraide depuis le Mexique

Face à l'offensive très structurée des anti-avortement, certaines féministes ont d'ores et déjà choisi la clandestinité pour aider celles qui veulent avorter. Partout dans le pays, des réseaux souterrains organisent la fourniture de pilules abortives aux femmes les plus vulnérables. Quitte à braver la loi. Abigaïl est une de ces résistantes du quotidien. Sa mission : ramener en cachette sur le territoire américain des pilules abortives qu'elle récupère au Mexique, où elles sont vendues sans ordonnance. Selon son décompte, Abigaïl a écumé une « trentaine de pharmacies » côté mexicain. Cette retraitée chaussée de baskets *vintage* n'attire pas l'attention : « Je suis insoupçonnable », affirme-t-elle avec un léger sourire qui laisse transparaître le plaisir de la bravade, l'appel à la désobéissance. Elle sait qu'elle pourra être accusée d'avoir aidé des femmes à avorter. Mais elle ne réfléchit pas à son propre sort. Son obsession, ce sont ces femmes dorénavant contraintes de « s'inquiéter de l'état de la tuyauterie de leur salle de bains » pour s'assurer que le fœtus avorté pourra être « évacué par la chasse d'eau ». Elle pense aux drames intimes. À toutes ces femmes terrifiées du Sud états-unien, qui désormais n'osent plus prononcer le mot « avortement ». Elle dit : « Ce pays peut être cruel. »

Pour nombre de militantes féministes, l'urgence de s'organiser est devenue patente dès septembre 2021, bien avant la disparition de « Roe v. Wade ». À l'époque, le Texas (un État plus grand que la France) bannit l'IVG dès six semaines de gestation. Un premier choc dans un des États les plus peuplés du pays. C'est à ce moment-là que Verónica Cruz, une militante mexicaine, décide de donner un coup de main aux femmes qui habitent de l'autre côté de la frontière. Au début des années 2000, elle a fondé Las Libres, une association pro-IVG qui a organisé au Mexique un réseau militant d'avortement fonctionnant sur l'entraide des femmes, comme il en existait dans les années 1970 (le Mouvement pour la liberté de l'avortement et de la contraception [MLAC] en France, le collectif Jane à Chicago, etc.). Juste après les lois anti-avortement au Texas, l'avortement est décriminalisé au Mexique, en septembre 2021. Verónica Cruz raconte : « Un journaliste américain m'a demandé si je ne voulais pas exporter notre modèle... C'est ainsi que nous avons commencé à aider des femmes au Texas. Rapidement, des demandes nous sont parvenues de Floride et d'ailleurs. »

Contrairement aux groupes internationaux comme Aid Access, qui facturent 90 dollars la procédure en téléconsultation, Verónica Cruz livre les pilules abortives gratuitement, grâce aux dons et à des subventions. Elle contrôle la qualité des pilules en se fournissant directement auprès d'industriels, en Inde, où elle achète les comprimés 1,50 dollar la dose. Depuis le Mexique, les pilules sont acheminées par des volontaires et distribuées aux destinataires en main propre, par courrier ou via des intermédiaires de proximité : des militantes féministes, des infirmières et même des prêtres.

Avec les deux cent cinquante membres de Las Libres, Verónica Cruz estime avoir aidé vingt mille Américaines à avorter cette année. Et l'association est submergée de demandes. Les risques qu'elle encourt ? Verónica Cruz, avec son franc-parler, n'hésite pas une seconde. « Nous ne pouvons pas rester paralysées », explique-t-elle. « Évidemment, il y a beaucoup de menaces, mais si nous les laissons aller vers la restriction de toutes nos libertés, nous sommes foutues. » « Nous continuerons », confirme Vanessa Jiménez, qui milite au sein de Red Necesito Abortar, une autre organisation mexicaine qui organise l'entraide avec les femmes états-uniennes. Quand nous la contactons, elle n'a que quelques minutes pour parler. Son téléphone n'arrête pas de sonner. Malgré les menaces, les intimidations, Vanessa et sa compagne sont chaque jour aux avant-postes de la bataille pour le droit des femmes à disposer de leur corps.

AUX ÉTATS-UNIS, LA TRANSIDENTITÉ, CIBLE OBSESSIONNELLE DE L'EXTRÊME DROITE

Par Mathieu Magnaudeix

Le spectaculaire recul américain sur l'interruption volontaire de grossesse (IVG), outre une catastrophe pour les femmes aux États-Unis, est un encouragement pour d'autres forces conservatrices à mener le combat contre l'avortement. Dans plusieurs pays européens, des gouvernements classés à l'extrême droite ont pris le même chemin. On pense à la Hongrie de Viktor Orbán, qui a imposé, en 2022, un décret obligeant les femmes souhaitant avorter à se voir présenter, avant toute opération, « les fonctions vitales du fœtus ». On pense aussi à l'Italie de Giorgia Meloni où l'accès à l'IVG se réduit drastiquement, avec des médecins refusant de les pratiquer ou maltraitant les patientes, des centres qui ferment les uns après les autres, des femmes réduites à la clandestinité.

De même, l'obsession outre-Atlantique à l'égard des personnes trans transpire toujours plus sur le continent européen. Les passerelles édifiées par l'extrême droite, relayées par de nombreux médias, sont redoutables. Aux États-Unis, des digues ont sauté depuis longtemps, sous l'influence des religieux évangéliques et de Donald Trump. Le mouvement s'accélère de manière spectaculaire ces derniers mois.

Au nord-ouest des États-Unis, le petit État du Montana est surtout connu pour ses paysages de carte postale. Il est rare qu'il fasse l'actualité. Au printemps 2023, l'opiniâtreté de Zooey Zephyr l'a brutalement placé sous les projecteurs. Membre de la Chambre des représentants de l'État, cette jeune femme de trente-quatre ans est la première personne transgenre élue dans le Montana. Le 18 avril, alors que cette assemblée à majorité conservatrice examinait une loi interdisant aux enfants transgenres de faire leur transition, Zooey Zephyr a évoqué le risque élevé de suicides chez les jeunes trans souffrant de dysphorie de genre, la détresse ressentie par celles et ceux dont l'identité de genre ne correspond pas au sexe assigné à la naissance. Aux élu·es républicain·es, elle a lancé : « Si vous votez cette loi [...], j'espère que vous verrez le sang sur vos mains. »

Pour cette sortie, et le soutien bruyant qu'elle a reçu depuis les tribunes du public, Zooey Zephyr a été interdite de siéger jusqu'à la fin de l'année. Depuis, elle assiste aux séances depuis un couloir et le texte a été voté. Le Montana est devenu le quinzième État américain à adopter une telle loi. « Ces décisions devraient être prises par les familles et leurs médecins, et non par les politiciens », a réagi, en vain, l'Académie américaine de médecine pédiatrique.

Une inventivité législative sans limites

Le Montana n'est qu'un exemple parmi d'autres. Depuis le début de l'année 2023, de nombreux États du Sud et du Midwest, tous contrôlés par les républicains, ont attaqué les droits des personnes trans. La Géorgie, l'Idaho, l'Indiana, le Kentucky, le Mississippi, le Dakota du Nord et du Sud, le Tennessee ou encore l'Utah ont voté des lois qui interdisent les soins médicaux liés à des transitions de genre, en pénalisant parfois les médecins qui s'y aventureraient. D'autres États, parfois les mêmes, ont inscrit dans la loi l'obligation de présenter une carte d'identité lors des compétitions sportives étudiantes, afin de vérifier le sexe des participant·es ; l'obligation, pour les sportifs et sportives, de concourir dans les compétitions en fonction de leur sexe de naissance ; l'interdiction des *show drags* ou des toilettes non genrées.

Dans l'Arkansas, le premier État à avoir interdit, en 2021, les transitions de genre pour les mineur·es, l'inventivité législative des républicains est sans limites : deux lois pour obliger les élèves et les adultes à utiliser les toilettes de leur sexe de naissance ; une autre pour empêcher les cours sur l'orientation sexuelle ou l'identité de genre ; une troisième pour autoriser les professeur·es à mégenrer leurs élèves trans. Une quatrième est destinée à faciliter les démarches judiciaires de mineur·es qui souhaiteraient, des années après, se retourner contre le médecin qui les aurait aidé·es à transitionner. Une dernière autorise les discriminations, y compris contre les LGBTQI+, si elles sont justifiées par « des raisons religieuses sincères ».

« Nous vivons des temps de péril pour les personnes trans », s'alarme Brandon Wolf, porte-parole de la principale organisation LGBT de Floride, Equality Florida. « L'extrême droite essaie de construire un mouvement sur leur dos. Ils sont persuadés que les personnes trans n'ont pas droit à la même dignité que les autres, ils les déshumanisent et les hypersexualisent. Ils partent en guerre contre leurs libertés, leurs droits. »

Particulièrement ciblé par les législateurs : ce qu'on appelle aux États-Unis le « gender-affirming care » pour les enfants ou les adolescent·es. Il s'agit d'une série de dispositions et de soins médicaux qui permettent aux ados trans de se sentir mieux dans leur peau. Certaines sont sociales, comme le fait pour un professeur ou une professeure de respecter le prénom qu'un·e de ses élèves se donne. D'autres impliquent des thérapies hormonales, et parfois des opérations chirurgicales. Selon Reuters, qui a tenté de quantifier le phénomène, ces dernières méthodes ne concernent que quelques milliers de mineur·es par an. Et, en effet, seul 1 % des Américain·es se définit comme transgenre. Les républicains états-uniens ont pourtant décidé d'en faire leur priorité du moment, le ciment de la guerre qu'ils prétendent mener au nom de l'Amérique chrétienne menacée par la culture « woke ». Selon le *New York Times*, au moins vingt États républicains ont déjà adopté des législations ciblant les personnes trans.

La déferlante des « lois WC »

Le site Trans Legislation Tracker recense 560 propositions législatives ciblant les personnes trans depuis le début de l'année 2023 ; 79 ont déjà été votées ou promulguées. « Pour la quatrième année consécutive, c'est un nouveau record », affirme le site. En 2022, « seules » 174 propositions législatives antitrans avaient été déposées et 26 votées. « Dans les seuls trois premiers mois de 2023, davantage de lois attaquant le droit à la santé des personnes transgenres ont été déposées qu'au cours des six dernières années », calcule de son côté Movement Advancement Project, un think tank qui défend les droits des personnes

LGBTQI+. Le média queer Them dresse chaque semaine un état des lieux de l'offensive transphobe. Rien qu'entre le 6 mai et le 13 mai 2023, le site a comptabilisé huit lois discutées en Louisiane, dans le Montana, le Nebraska et au Texas pour interdire le « gender-affirming care » ; quatre en Louisiane et au Texas pour faire disparaître des écoles les allusions à la transidentité, forcer les professeur·es à mégenrer les élèves trans, alerter les parents d'enfants trans ; deux lois, l'une adoptée et l'autre en cours de lecture, dans le Missouri et l'Ohio pour obliger les étudiant·es trans à concourir aux compétitions sportives selon le sexe assigné à leur naissance, etc.

« Dans notre pays, les extrémistes MAGA [les soutiens de Donald Trump, rassemblés sous le slogan "Make America great again"] proposent des centaines de lois haineuses et extrêmes qui ciblent les enfants transgenres et leurs familles. Ces attaques doivent cesser », a réagi le président Joe Biden le 31 mars 2023. Mais la loi que la Chambre des représentants, alors démocrate, a votée en 2021 pour garantir l'égalité des droits des LGBT reste en cale sèche, faute des voix nécessaires au Sénat pour la faire adopter.

Aux États-Unis, la droite religieuse a longtemps concentré ses feux sur l'avortement. Avec succès. Alors que les LGBT gagnaient de la visibilité et des droits, les républicains se sont ensuite attaqués au mariage des couples de même sexe, autorisé par la Cour suprême en 2015. En 2016, la première loi transphobe est votée en Caroline du Nord. Elle interdit aux personnes trans d'utiliser les toilettes publiques de leur choix. Accueillie par des protestations et des appels au boycott, la loi est retirée. Mais, depuis, ces « bathroom bills » (« lois WC ») ont prospéré.

« La vague des “lois WC” a commencé à déferler peu après l’autorisation fédérale du mariage des couples de même sexe : alors que les gays, les lesbiennes et les bis étaient davantage soutenus, leurs opposants se sont mis à attaquer spécifiquement les personnes trans », explique Toby Beauchamp, professeur d’études de genre, dans un entretien publié en janvier 2022 sur le site de son université de l’Illinois. Une guerre antitrans d’autant plus facile à mener auprès du grand public que « le manque de connaissance et la désinformation » sur la réalité des parcours de transition sont « utilisés contre les personnes transgenres ».

« Le droit des parents » et « la protection des enfants »

Comme le raconte une enquête du *New York Times* en avril 2023, les républicains et les puissants groupes conservateurs qui les soutiennent ont multiplié les sondages auprès de leurs électeurs et électrices, et décidé de concentrer leurs efforts sur « deux fronts principaux », considérés comme simples à appréhender et à instrumentaliser politiquement, en invoquant les menaces qui pèseraient sur la binarité des sexes, érigée en fondement civilisationnel à défendre. Le premier front concerne l’accès aux compétitions sportives des personnes trans : le sujet est devenu une obsession des élu·es républicain·es et des médias conservateurs comme Fox News. Le second concerne la restriction, ou l’interdiction, de l’accès aux soins pour les adolescent·es mineur·es qui souhaitent transitionner.

Ces attaques sont orchestrées dans le cadre d’une « campagne coordonnée », selon le média Vox dans une enquête d’avril 2023, par le parti républicain et des groupes de pression conservateurs aux moyens démesurés, comme l'Alliance Defending Freedom, le Family Research Council ou encore le Liberty Counsel, qui injectent des millions de dollars dans l'organisation de campagnes de terrain et écrivent les lois pour les élus républicains, qui n'ont plus ensuite qu'à les déposer. Un procédé éprouvé dans le passé, puisque cet activisme méthodique, mêlant campagnes de terrain, pression sur les parlementaires et conseil juridique dans l'écriture des lois, a permis aux républicains de détruire au fil des ans les protections légales de l'avortement ou les rares mécanismes publics de santé.

Pour séduire la base républicaine – et parfois au-delà –, la droite ne prétend pas attaquer directement les droits des personnes trans. Elle invoque au contraire la nécessité de « protéger les enfants », un argument utilisé dès la fin des années 1970, lorsque Anita Bryant, une ancienne chanteuse, lança en Floride une campagne pour « sauver nos enfants » des homosexuels qui chercheraient à les recruter. Particulièrement à l'école, alors que, depuis peu, les enseignants gays de Miami ne pouvaient plus être licenciés en raison de leur orientation sexuelle.

Dans cette tradition, les lois antitrans invoquent régulièrement « le droit des parents », et la protection des enfants consiste à éliminer de leur environnement l'enseignement du genre, les références aux cultures LGBT, les lectures publiques de drag queens, mais aussi les références à l'histoire raciste des États-Unis. Ou encore à bannir les livres jugés « woke ». « Les enfants sont des outils rhétoriques pratiques », poursuit l'universitaire Toby Beauchamp. « La vulnérabilité des enfants – surtout des enfants blancs – a beaucoup été utilisée aux États-Unis pour justifier l'interférence du gouvernement et l'excès de criminalisation. »

Alors que la campagne pour les primaires républicaines a déjà débuté avant l'élection de 2024, les figures du Parti républicain se sont toutes engouffrées dans la brèche, pensant avoir trouvé la martingale qui leur permettra de détrôner Donald Trump dans le cœur de son électorat. Selon une étude publiée en janvier 2023 par le Trevor Project, qui prévient le suicide chez les jeunes LGBT, 86 % des jeunes trans ou non binaires disent souffrir de l'incessant débat politique autour des sujets trans. « En Floride, les effets sont déjà dévastateurs », témoigne Brandon Wolf. « Nous constatons une hausse des tentatives de suicide parmi la jeunesse LGBT. Des familles LGBT se demandent si elles ne vont pas quitter cet État de plus en plus hostile pour elles. Les étudiants trans évitent la Floride. » Le porte-parole d'Equality Florida veut terminer sur une note d'espoir : « Malgré cette hostilité, les personnes trans continuent de se mobiliser, manifestent, racontent leurs histoires. Elles font preuve d'un formidable courage. »

EN FRANCE, L'EXTRÊME DROITE CONTRE LA PSEUDO-« IDÉOLOGIE WOKE »

Par Christophe Gueugneau,
Maëlle Le Corre et David Perrotin

Samedi 13 mai 2023 à Saint-Senoux, petit village près de Rennes (Ille-et-Vilaine), un atelier de lecture animé par trois artistes drag queens a été perturbé par une vingtaine d'individus d'extrême droite. Cagoulés, équipés de lunettes de soleil et de fumigènes, les membres du groupe rennais L'Oriflamme ont organisé une action coup de poing devant la médiathèque. Le même groupe se trouvait une semaine plus tôt à Paris dans le défilé néofasciste du 6 mai, rendez-vous de l'extrême droite la plus radicale.

Samedi 13 mai toujours, c'est à Carnac, dans le Morbihan, que les catholiques extrémistes de Civitas ont empêché le concert de l'artiste Kali Malone de se tenir en l'église de Saint-Cornély. Civitas criait à l'acte « profanatoire », jugeant qu'un tel événement « n'a pas lieu d'être dans cet espace sacré ». Sur les pancartes : « Concert électro dans une église, que font nos évêques ? » ou « Ma maison est une maison de prière ».

La semaine précédente déjà, l'extrême droite s'en était prise, physiquement, à une œuvre de l'artiste Miriam Cahn, exposée à

Paris au Palais de Tokyo. Depuis plusieurs semaines, le tableau *Fuck Abstraction !*, qui dénonce les crimes de guerre en montrant un homme menotté forcé à faire une fellation, était l'objet d'une campagne intense. C'est finalement un octogénaire, Pierre Chassin, ancien chef du groupe Front national au conseil municipal des Mureaux (Yvelines), qui a vandalisé le tableau.

Ces attaques menées par des petits groupes radicaux ne sont pas nouvelles. Mais elles se multiplient. En témoignent les inscriptions qui fleurissent sur les murs des universités françaises, hostiles à #MeToo, racistes et/ou favorables à l'extrême droite, ou les attaques contre les locaux d'associations.

Le Planning familial et des centres LGBTQI+ ciblés

Ainsi à Bordeaux (Gironde), le Planning familial a été vandalisé à trois reprises en trois semaines durant l'hiver 2023. Dans la nuit du 27 au 28 février et cinq jours plus tôt avec une inscription en lettres rouges ciblant l'IVG (interruption volontaire de grossesse), revendiquée par « Action directe identitaire », et une croix celtique, et, dans la nuit du 7 au 8 février, avec l'inscription « Aujourd'hui stérilisés, demain pucés ? », en référence à une campagne sur la contraception masculine. Lors d'un rassemblement aux côtés de l'association, le maire écologiste de Bordeaux, Pierre Hurmic, a confié : « C'est un soutien affirmé au Planning familial mais au-delà, car ce n'est pas la seule association visée par ce climat de haine que certains veulent installer dans notre ville. »

La liste est effarante. Dans la nuit du 27 au 28 février, la mosquée Al-Houda était la cible d'Action directe identitaire, avec ce tag : « Vivre ensemble tue. » Les locaux de SOS Racisme Gironde ont également, par deux fois, fait les frais de ce ou ces groupes : en février – « Les nôtres avant les autres » – mais aussi en décembre, avec ce message : « La France aux Français. » L'association des Hébergeurs solidaires de Bordeaux, qui vient en aide aux mineurs isolés, a également été victime de tags : plusieurs croix celtiques sur les murs de son siège. De même que l'Asti, l'Association de solidarité avec tous les immigrés, taguée pour sa part dans la nuit du 29 au 30 novembre. Sur les murs, ces messages : « Moins de SDF, plus d'OQTF [obligation de quitter le territoire français] » et « Qu'ils retournent en Afrique ».

Ailleurs en France, ainsi que Mediapart l'a documenté, en un an (mai 2022-mai 2023), au moins huit centres pour les droits des personnes LGBTQI+ ont été visés par des violences, dégradations ou intrusions. C'est à Tours que l'attaque la plus grave a été recensée. Un individu a lancé fin mai 2023 un engin détonant artisanal, soit une bouteille remplie d'acide et d'aluminium, dans les locaux alors que deux salariés étaient présents. Il n'y a pas eu de blessé. Depuis, ce jeune homme, âgé de 17 ans, a été mis en examen pour destruction et dégradation aggravée. Lors de sa garde à vue, il a reconnu être l'auteur de plusieurs attaques contre le centre depuis plus de deux mois.

Les semaines précédentes, l'association qui gère le centre LGBTI de Touraine avait déjà signalé cinq dégradations : d'abord une vitrine cassée, puis une deuxième, des jets de nourriture, une tentative d'intrusion, et, à quelques jours de la Journée mondiale contre l'homophobie, la transphobie et la biphobie, organisée mercredi 17 mai, la boîte aux lettres forcée, le courrier déchiré et la serrure de la porte encollée.

La circonstance aggravante d'homophobie a été, à ce stade, retenue par le parquet pour toutes ces attaques sauf le jet de la bouteille explosive.

« Depuis janvier, on a des crachats ou de l'urine sur la devanture de nos locaux au moins une fois par semaine », indiquait, en mai 2023, Romain Hequet, président de Fiertés Pas-de-Calais. Depuis son installation en plein cœur d'Arras, l'association est régulièrement la cible d'actes de vandalisme : des autocollants de l'Action française sur sa vitrine en mars, son drapeau arc-en-ciel arraché à six reprises. « C'est pesant, lassant, ça crée de la colère. »

À La Réunion, la violence a atteint un niveau plus préoccupant encore. Deux hommes ont été condamnés après l'incendie qui a détruit les locaux du centre LGBTQIA+ de l'océan Indien, en février 2023. La circonstance aggravante de l'homophobie a bien été retenue.

Dans le centre-ville d'Avignon, où est basée La LanGouste à breTelles depuis 2016, l'un des responsables de la structure, Olive Riccobono-Soulier, compte « au moins un acte homophobe ou transphobe par an ». En 2018, une fresque de portraits avait été arrachée, la porte d'entrée souillée d'excréments. En juin 2023, des inscriptions homophobes ont été taguées sur la façade : « Vive le mariage traditionnel », « LGBT = Diable », « Fiotte ».

À Nantes, le centre LGBTQIA+ est pris pour cible par l'extrême droite locale : serrures encollées là aussi, tags de croix celtiques, photos d'Éric Zemmour collées sur la devanture... Sa présidente, Violette Cordaro, s'est rendue à trois reprises au commissariat en 2022. Mais elle déplore l'accueil qui lui a parfois été fait, à l'image de cet agent qui lui aurait rétorqué : « On a quand même le droit d'avoir une opinion. » Un plan de formation pour les forces de l'ordre sur le sujet a été récemment annoncé.

En attendant, l'enregistrement du caractère homophobe des faits dénoncés ne se fait pas sans résistance, celui-ci est parfois occulté. La présidente s'inquiète plus largement de l'insécurité dans l'espace public pour les personnes LGBTQI+, ainsi que pour les femmes, et d'une forme d'escalade, avec « les tentatives de Civitas d'interdire un spectacle pour enfants » sur le genre, intitulé *Fille ou garçon ?*, en avril 2023. Non seulement l'organisation intégriste a placardé des messages menaçants devant les écoles, mais l'un de ses membres a voulu saboter une représentation du spectacle en dégradant le tableau électrique du théâtre.

Ces actes contre les centres LGBTQI+ s'inscrivent dans un mouvement plus large, et toujours plus alarmant, de violence LGBTphobe. Dans son dernier rapport dévoilé en mai 2023, l'association SOS Homophobie recense ainsi, pour 2022, une agression physique commise tous les deux jours contre une personne LGBTQI+ – une augmentation de 28 % par rapport à 2021. Dans son bilan annuel, le ministère de l'Intérieur enregistre lui une hausse de 3 % des actes « anti-LGBT+ », avec 4 040 atteintes signalées en 2022, et seulement 20 % des victimes qui portent plainte. « La haine anti-LGBTI+ en 2022 a largement investi, avec fracas, le terrain du débat public et politique, particulièrement s'agissant des propos transphobes », peut-on lire dans un rapport de l'association Flag corédigé avec la Fondation Jean-Jaurès.

Des risques fantasmés

Impossible de ne pas voir ces actes et ce climat de violence comme le résultat d'une offensive politique de l'extrême droite. Certes, à chaque fois qu'elle est interrogée sur le sujet, l'extrême droite institutionnelle – le Rassemblement national (RN) de Marine Le Pen et Reconquête d'Éric Zemmour – récuse y être associée. Il n'empêche : la porosité est manifeste sur le terrain des idées.

Ces dernières années, la France a connu ce qu'avaient vécu les États-Unis quelques années auparavant : les « Free Speech Wars », soit un vaste mouvement accusant, pour le dire vite, les forces progressistes, les militant·es pour la justice sociale, les promoteurs de l'intersectionnalité de refuser à leurs opposant·es tout droit à l'expression. L'antienne « on ne peut plus rien dire », brandie à l'envi, a permis de rendre acceptables dans le débat public des opinions telles que l'homophobie, l'islamophobie pourtant considérés comme des délits. Une fois ce type de présupposés installés – une opinion raciste vaut bien une opinion qui dénonce le racisme, par exemple –, la deuxième phase pouvait démarrer : la bataille culturelle proprement dite.

On camouflait auparavant son homophobie derrière la défense de la famille traditionnelle ? On peut désormais dénoncer « l'endoctrinement des enfants » par « le lobby LGBT ». Et même, comme l'a fait la militante antitrans Marguerite Stern sur Twitter le 16 mai 2023, faire mine de s'interroger, à propos des lectures proposées par les drag queens dans les écoles : « Pourquoi les drag queens sont-ils obsédés par l'idée de vouloir aller dans des écoles ? » Façon à peine voilée de renouer avec la tradition mêlant homosexualité et pédocriminalité – les commentateurs, sous son tweet, ne s'y sont pas trompés.

La mithridatisation du débat public a tout naturellement conduit à la troisième phase. Face aux risques fantasmés – du « grand remplacement », de la « destruction de la famille » ou de celle de « l'homme occidental » –, la meilleure défense devient l'attaque. Le RN, malgré sa tentative de notabilisation, ne fait pas autre chose en lançant, en avril 2023, une association parlementaire contre « le poison du wokisme », visant l'« écriture inclusive », la « propagande LGBT dans les écoles » ou les « réunions racialisées ». À l'initiative, le député RN Roger Chudeau, ancien inspecteur général de l'Éducation nationale, qui définit le « wokisme » comme une « doctrine de déconstruction de notre civilisation », un « discours séparatiste » et un « communautarisme à l'anglo-saxonne ».

Tout semble permis à ce « contre-pouvoir »

En avril toujours, lors d'un colloque contre le « wokisme », le président du RN, Jordan Bardella, était explicite : « Après l'obsolescence de Dieu, voici venue celle des hommes et de l'Occident. Ce mouvement, qui veut effacer les valeurs que nous portons, nous entraîne dans une régression générale et civilisationnelle », lançait-il à la tribune, invoquant la nécessité de « mener ce combat pour la République ». Le parti Reconquête avait pris de l'avance dans cette bataille avec le lancement, quelques mois plus tôt, de Protégeons nos enfants, collectif d'alerte destiné à lutter contre le même type de maux, et qui dénonce depuis, à longueur de contenus sur les réseaux sociaux, des professeurs « immigrationnistes », des intitulés de sujet « en langue inclusive » ou encore la « propagande LGBT ».

Ces initiatives peuvent se targuer de remporter des batailles : dans le Nord, une professeure obligée d'annuler une visite d'étude parmi les migrants de Calais ; ailleurs, un établissement privé qui reporte sa « semaine de l'égalité », etc. Elles sont saluées aussi bien par *Causeur*, le site Boulevard Voltaire que par le polémiste Mathieu Bock-Côté sur CNews, pour qui elles relèvent d'un « contre-pouvoir inattendu ». À partir de là, tout est permis.

CHAPITRE VI

LA GUERRE AU NOM DU GENRE

LA RHÉTORIQUE CRIMINELLE DE VLADIMIR POUTINE

Par François Bougon

Dans le flot de propagande venu du Kremlin, l'obsession de Vladimir Poutine pour les « prétendues libertés de genre » est incessante. L'argument justifie, aux yeux du président russe, sa politique intérieure comme extérieure, jusqu'à l'invasion de l'Ukraine.

Dans la nuit du 23 au 24 février 2022, Poutine apparaît à la télévision russe. Il annonce sa décision d'attaquer le pays voisin – indépendant depuis 1991 et ancien satellite de l'Union soviétique – tout en dénonçant un « Occident collectif » qui tenterait de saper les « valeurs traditionnelles russes ». C'est « nous » contre « eux », assène-t-il. « Jusqu'à récemment, les tentatives de nous utiliser dans leurs intérêts, de détruire nos valeurs traditionnelles et de nous imposer leurs pseudo-valeurs, qui nous rongeraient, nous, notre peuple, de l'intérieur, n'ont pas cessé », explique-t-il. « Ces attitudes, ils les imposent déjà agressivement dans leurs pays et elles mènent directement à la dégradation et à la dégénérescence, car elles sont contraires à la nature humaine elle-même. Cela n'arrivera pas [ici], cela n'a jamais marché pour personne. Cela ne marchera pas non plus maintenant. »

Un mois plus tard, Poutine prend le temps, au cours d'une cérémonie de remise de prix artistique en visioconférence, de dénoncer la « cancel culture » (ou « culture de l'annulation ») qui sévirait en Occident, invoquant pour soutenir son propos le sort de J. K. Rowling, l'autrice de *Harry Potter*, vilipendée sur les réseaux sociaux pour des remarques transphobes. « Elle n'a pas plu aux fans des prétendues libertés de genre », déclare alors le président russe. Avant d'oser un parallèle avec les sanctions qui visent son pays : « Et aujourd'hui, ils tentent de "cancel" [annuler] notre pays. » Poutine s'attire une réponse immédiate de Rowling sur le réseau social Twitter : « Il vaut mieux que les critiques de la cancel culture occidentale ne soient pas faites par ceux qui massacrent des civils. »

Quelques jours plus tôt, Poutine avait aussi évoqué les « nationaux-traîtres » présents dans la société russe. « Je ne juge pas ceux qui ont une villa à Miami ou sur la Côte d'Azur, qui ne peuvent se passer de foie gras, d'huîtres ou de ces prétendues "libertés de genre". » Le 21 février 2023, moins d'un an après l'attaque contre l'Ukraine, alors que le maître du Kremlin s'exprime devant les deux chambres du Parlement, il déroule de nouveau sa rhétorique conservatrice et homophobe : « Ils [Les Occidentaux] obligent les prêtres à bénir les mariages homosexuels. »

Aux yeux du Kremlin, la Russie est engagée dans un combat civilisationnel avec l'Occident et l'Europe – la « Gayropa » selon Poutine –, lesquels seraient à la fois affaiblis et corrompus par les mouvements féministes et LGBTQI+. Et un des champs de cette bataille se trouve en Ukraine, où les mobilisations pour l'égalité des droits, selon le genre et l'orientation sexuelle, se sont développées ces dernières années. Le patriarche Kirill, chef de l'Église orthodoxe russe, a ainsi déclaré que le pays était en guerre dans le Donbass (province de l'Est au cœur du conflit) car il ne voulait pas qu'y soient organisées des marches des fiertés.

En Ukraine, une diversité des postures féminines

« En Ukraine même, un espace s'est entrouvert lors de la révolution orange de 2004 pour la promotion de l'égalité des sexes et la défense des droits des personnes LGBTQ », rappelle le chercheur de Sciences Po Maxime Forest dans une tribune publiée par le quotidien suisse *Le Temps* en mars 2022.

C'est en Ukraine, en 2008, que le groupe féministe Femen s'est créé. Pendant la révolution de 2014, l'« Euromaïdan », les mouvements pour l'égalité ont trouvé une « résonance inédite, vite contestée par la guerre hybride lancée par la Russie pour le contrôle du Donbass, région associée au mythe viril du stakhanoviste », poursuit Forest. Depuis, dit encore le chercheur, « ni le poids des partis ultranationalistes ni les agressions contre les militantes féministes et les activistes LGBTQ en Ukraine n'y entravent l'amorce d'un débat public sur la place des minorités sexuelles dans l'armée ou des femmes dans le récit national ».

Côté pile, on trouve des femmes combattantes, arme à la main, incorporées dans l'armée mais également dans les groupes de défense territoriale, préparatrices de cocktails Molotov, qui alimentent toute une iconographie héroïque sur les réseaux. Côté face, des femmes ultra-majoritaires sur les routes de l'exil, leur enfant sous le bras, affectées à la couture de tissus de camouflage ou en cuisine dans les bases arrière du front, quand elles ne sont pas bombardées enceintes sur un lit d'hôpital, comme à Marioupol.

Anastasia Levkova, écrivaine et rédactrice pour différents journaux avant que la guerre n'éclate en Ukraine, tient à souligner cette diversité des postures, « quel que soit le genre ». « L'une est doctoresse, l'autre se bat avec des armes, une autre aide les réfugiés, une autre donne de la nourriture », raconte la jeune femme. « Je connais aussi beaucoup d'hommes, surtout à Lviv où c'est plus calme, qui ne se battent pas. Ils traduisent des textes pour les médias étrangers, ils utilisent leurs compétences informatiques et ils sont sûrement aussi utiles ici qu'au front. »

Cette envie de parler des femmes, « avec ou sans armes », « qui défendent leur État », n'empêche pas les polémiques, ni la réactivation des stéréotypes : le 8 mars 2022, Journée internationale des droits des femmes, des vidéos ont circulé sur les réseaux sociaux ukrainiens, postées par des hommes engagés militairement, souhaitant ironiquement une bonne fête à ceux qui refusent le combat, « qui se cachent quelque part ». Peu de temps après le début du conflit, le gouvernement ukrainien a en effet interdit aux hommes en âge de combattre de quitter le pays.

« Les femmes en Ukraine se battent pour l'égalité depuis longtemps et sont assez émancipées », souligne Anastasia Levkova. « Après la chute de l'URSS, ce sont souvent elles qui ont pris la responsabilité pour leur famille, gagné de l'argent, car beaucoup d'hommes étaient en totale dépression. On peut trouver contradictoire cette décision de demander aux seuls hommes de rester dans le pays, et de traiter de lâches celles qui partent. Mais [...] seule la victoire compte pour nous. »

Promouvoir les fières combattantes, sans pour autant nier leur vulnérabilité : l'Ukraine en guerre est constamment sur le fil.

De plus en plus de combattantes

Mais, dans une guerre qui joue aussi sur les symboles, l'Ukraine, et en particulier le président Volodymyr Zelensky, a parfaitement compris le potentiel de ces figures féminines, *a fortiori* dans l'armée, comme réponse au virilisme agressif de Vladimir Poutine. Il s'applique ainsi, quand il s'adresse aux combattant·es ou à la nation, à utiliser alternativement le féminin et le masculin. L'implication des femmes dans les combats menés en Ukraine n'a par ailleurs rien d'artificiel pour Oksana Kis, historienne membre de l'Académie des sciences, présidente de l'association ukrainienne pour la recherche sur l'histoire des femmes. « Au cours du XXe siècle, les Ukrainiennes ont toujours été au rendez-vous. Lors de la Première Guerre mondiale, des unités spéciales de combattantes existaient déjà, dans le sillage d'Olena Stepaniv, une économiste connue pour être la première femme officière du pays. Pendant la Seconde Guerre mondiale, des milliers de femmes ont rejoint l'Armée rouge. Enfin, fait moins connu, elles ont été aussi plusieurs milliers à intégrer le mouvement de résistance ukrainien souterrain qui se battait à la fois contre les nazis, les Soviétiques et les Polonais. »

Comme le souligne l'écrivaine Oksana Zaboujko, cette féminisation de l'armée ne s'est pas faite du jour au lendemain. Ces dernières années, un mouvement de vétéranes a été créé. La liste des postes de combat accessibles aux femmes a été allongée. Et, en 2018, la loi sur « la garantie de l'égalité des droits et des chances pour les femmes et les hommes pendant le service militaire dans les forces armées de l'Ukraine et d'autres formations militaires » a été adoptée. De 2008 à 2018, le nombre de femmes militaires dans les forces armées a été multiplié par quinze. « Pour moi aussi c'est important d'aller au-delà de l'éternel cliché », poursuit Oksana Kis. « Je veux que le monde entier voie que les femmes sont capables d'être plus que des victimes. Elles ont leur voix, elles peuvent prendre des responsabilités et le leadership dans une telle situation. Elles sont actives et proactives, politiquement, militairement comme sur le plan humanitaire. »

Car, dans ce champ-là aussi, le féminisme trouve sa place. Depuis Lviv, où s'organise l'aide humanitaire pour tout un pays, Oksana Kis observe le déploiement à grande échelle d'une forme d'« éthique du "care" », concept déjà mobilisé par l'historienne dans ses travaux sur les femmes ukrainiennes au goulag (*Survival as Victory*, Harvard University Press, 2021). « À cause de leur socialisation genrée, les femmes sont préparées à un rôle de soin, à l'attention portée aux autres, et particulièrement dans cette manière qu'ont les femmes de penser aux besoins des autres femmes », dans le plus intime et le plus quotidien, explique la chercheuse. « Je ne suis pas le genre de personne qui réduit la femme à son corps, mais nous avons, à travers la maternité pour certaines, la menstruation aussi, ce savoir et cette expérience partagée. Voir cela à nouveau à l'œuvre aujourd'hui, dans les temps si troublés que nous vivons, c'est bouleversant. »

L'Ukraine, une femme à soumettre

Comment s'étonner, dans ce contexte, que Vladimir Poutine ait parlé de Volodymyr Zelensky comme d'une femme, et d'une femme qu'il faudrait soumettre. La phrase, prononcée le 8 février 2022, deux semaines avant le déclenchement de la guerre, était la suivante : « Que cela te plaise ou non, à toi de l'supporter ma belle. » Dans *Le Monde*, Yves Hamant, professeur de civilisation et traducteur d'Alexandre Soljenitsyne, en a retrouvé l'origine : une *tchastouchka* (couplet satirique) scabreuse sur la princesse au bois dormant : « Dans la tombe, elle dort ma belle / Je m'incline et je te b... / Que oui ou non cela te plaise / À toi de l'supporter ma belle. »

L'allusion est à la fois sexiste et empreinte de culture du viol, malgré les dénégations postérieures du Kremlin. Cette déclaration avait fait réagir la porte-parole de la Maison-Blanche, Jen Psaki : « Toute plaisanterie sur le viol indignerait n'importe quel membre de notre gouvernement. » « Cette manière de parler de Zelensky et de son pays revient à faire de l'Ukraine une prostituée de l'Europe. C'est au cœur de la rhétorique masculiniste de Vladimir Poutine », analyse la chercheuse Marie-Cécile Naves, autrice de *La Démocratie féministe. Réinventer le pouvoir* (Calmann-Lévy, 2020). Selon la politiste, le président russe est un des représentants les plus caractéristiques de ce qu'on appelle la « masculinité hégémonique », un concept forgé par la chercheuse australienne Raewyn Connell.

« Cette forme de leadership est incarnée de façon très stéréotypée par certains leaders nationaux-populistes, comme le président brésilien Jair Bolsonaro ou l'ancien président des

États-Unis Donald Trump, mais aussi par Vladimir Poutine, qui n'hésite pas à se mettre en scène lors de séances sportives intensives ou d'exercices militaires », explique Clémence Deswert, doctorante en science politique à l'Université libre de Bruxelles, dans une tribune à *The Conversation* en mars 2022.

« Pour Poutine, il n'y a qu'une seule façon d'être un homme : c'est de ne pas être gay, de ne pas être trans. C'est une hypermasculinité qui persécute d'autres masculinités », analyse Ruth Ben-Ghiat, historienne, professeure à la New York University et autrice de *Strongmen : Mussolini to the Present* (Norton & Company, 2020), un essai sur la nature des régimes autoritaires, de l'Italie fasciste à Donald Trump en passant par Bolsonaro et Poutine. « Il s'est efforcé de construire un culte de sa propre personnalité. Il se présente comme un homme du peuple, mais aussi comme un Superman dont le destin est de sauver la nation russe. Il pose sans chemise, utilisant son torse nu comme Mussolini le faisait avant lui, comme le fait Bolsonaro lui aussi, comme Trump le faisait d'une certaine façon en diffusant une photo truquée avec sa tête sur le corps du Rambo incarné par Sylvester Stallone. »

On se souvient en effet des nombreuses images, photos ou vidéos montrant le président russe torse nu à cheval, à la chasse ou à la pêche, ou en kimono de judo, exposant un corps musclé. Le président russe a aussi mis en scène ces dernières années une sorte d'internationale machiste, « une internationale antigenre », selon l'expression de Marie-Cécile Naves. Ainsi, en 2020, on a vu Poutine et Bolsonaro se congratuler sur leur virilité : le Brésilien, qui avait appelé son pays à cesser d'« être un pays de pédés » face au Covid, a partagé sur les réseaux sociaux une vidéo dans laquelle le Russe vantait ses « qualités masculines ».

La communauté LGBT comme ennemi intérieur

La mise en scène de cette « masculinité hégémonique » s'est accompagnée, en Russie, d'une politique extrêmement violente à l'égard des femmes et des LGBTQ+. « Confronté à la contestation de sa réélection en 2012, [Poutine] en fait le cœur de son exercice du pouvoir », estime Maxime Forest. À l'époque, le régime est contesté par la mobilisation du groupe Pussy Riot et par les soutiens internationaux qu'il reçoit. « Poutine constate aussi à l'époque que les mobilisations féministes et LGBT, y compris en Russie, ont une véritable capacité de déstabilisation », explique Marie-Cécile Naves. « Il les craint sur le fond et sur la forme, pour leur capacité à s'organiser, à avoir un effet d'entraînement dans le reste de la société, et à être médiatisées. »

En 2013, deux ans après de grandes manifestations qui marquaient la mobilisation la plus forte depuis le début des années 1990, le président russe fait adopter une loi qui interdit la « propagande » de l'homosexualité auprès des mineurs. « Poutine s'est servi de cette question pour réunir une majorité de Russes autour d'un discours conservateur : il a dénoncé une propagande LGBT servant de cheval de Troie aux Occidentaux pour détruire la nation russe qu'il s'agit de bannir », souligne Igor Chervinsky, jeune chercheur ukrainien accueilli en France par l'École des hautes études en sciences sociales (EHESS). « La communauté LGBT constitue pour Poutine l'ennemi intérieur parfait, accusé d'être lié à l'ennemi extérieur, l'Occident, contre lequel on fait la guerre en Ukraine », poursuit-il.

En 2017, le Parlement russe a dépénalisé une large part des violences faites aux femmes. Trois ans plus tard, la Constitution a été modifiée pour préciser que le mariage est l'union entre « un homme et une femme ». Poutine « a enfourché un cheval de bataille qui lui permettra d'unifier toute l'Europe conservatrice : la lutte contre la "culture homosexuelle" », explique Michel Eltchaninoff dans son livre *Dans la tête de Vladimir Poutine* (Actes Sud, 2002).

En réalité, affirme l'historienne américaine Ruth Ben-Ghiat, « le machisme est un des éléments essentiels de l'autoritarisme, et cela a souvent été oublié dans les analyses historiques sur le fascisme et la propagande ». « Tout tourne autour du leader, il donne l'exemple, il est au sommet d'un pouvoir vertical, le seul intouchable. Il est celui qui contrôle tout le monde et n'a pas de comptes à rendre. C'est la définition même du machisme », argumente-t-elle.

Cette « glorification viriliste très présente dans le fascisme », selon l'expression de Marie-Cécile Naves, prend aussi racine dans l'histoire russe. « L'iconographie de l'homme fort qui domine la nature, les éléments, qui est invincible, c'est le corps du tsar voulant montrer l'invincibilité de la nation », explique-t-elle : « On le voyait aussi chez Staline. » Le chercheur Maxime Forest pointe, quant à lui, « l'influence du penseur Ivan Iline », qui « définissait la nation russe au prisme d'un combat sans merci entre le peuple comme organisme et le relativisme moral associé au triomphe de l'individu, qui est le propre de l'Occident ». Or, la pensée de ce philosophe russe né en 1883 et mort en 1954, expulsé par les Soviétiques en 1922, se trouve au cœur de la vision de Vladimir Poutine.

Il était lui aussi obsédé par les questions de genre – que l'on n'appelait pas encore ainsi. L'historien américain Timothy Snyder, dans un article de la *New York Review of Books*, rappelle ainsi qu'Iline projetait son « anxiété sexuelle ». Il souligne les parallèles entre le philosophe et le président russes. « Iline a d'abord qualifié la Russie d'homosexuelle, puis a suivi une thérapie avec sa petite amie, puis a blâmé Dieu. Poutine s'est d'abord soumis à des années de séances photo torse nu [...], puis a divorcé de sa femme, puis a accusé l'Union européenne d'être responsable de l'homosexualité russe. Iline a sexualisé ce qu'il a vécu comme des menaces étrangères. Le jazz, par exemple, était un complot pour provoquer l'éjaculation précoce. Lorsque les Ukrainiens ont commencé fin 2013 à se rassembler en faveur d'un avenir européen pour leur pays, les médias russes ont brandi le spectre d'une "homodictature". »

Depuis, cette rhétorique s'accompagne non seulement de lois liberticides votées en Russie, mais de nombreux cas recensés de violences sexistes et sexuelles au cours de la guerre en Ukraine.

« LA BOMBE INTÉRIEURE » QUI DÉVASTE L'UKRAINE

Par Rachida El Azzouzi

Tanya* ne portera pas plainte. Ni elle ni sa fille Iliana*. Elles n'en ont pas la force. Elles arrivent à peine à parler, à décrire les soldats russes qui les ont violées, fusil sur la tempe, dans le sous-sol où elles s'abritaient des bombes. Ce qu'elles veulent, c'est être en sécurité, loin des feux de la guerre, de l'occupation, du qu'en-dira-t-on. Et s'assurer qu'Iliana n'est pas enceinte. Sinon, il faudra qu'elle avorte, et, au village, une légende héritée de l'ère soviétique dit que « si tu interromps ta première grossesse, tu n'auras plus jamais d'enfants ».

Larysa Denysenko n'insiste pas. Avocate depuis vingt-quatre ans, spécialisée dans les violences sexuelles, elle sait combien le tabou, la honte, les traumatismes peuvent emmurer les survivantes dans le silence. Elle répète : « Vos témoignages, les analyses des prélèvements sont enregistrés, recueillis selon les normes de la justice internationale. Si un jour, demain ou dans plusieurs années, vous changez d'avis, ils sont là, préservés. » Jamais la cofondatrice de l'association des femmes avocates d'Ukraine n'avait pensé être confrontée, dans sa carrière, à « ça », « des viols de masse », « des viols de guerre » : « C'est plus que le viol, c'est la destruction par l'intime d'une nation sur des générations. »

Plus d'une dizaine de dossiers occupent ses journées, ses nuits aussi, « et ce n'est que le début » : Tanya violée avec sa fille Iliana, Ludmila* sous les yeux de son fils de douze ans, Katia des jours durant, « pour la punir d'enseigner la langue ukrainienne », Olena* extraite de Marioupol « l'appareil génital détruit »... À l'exception d'un dossier qui met en cause un militaire seul – un officier –, tous documentent des viols en réunion, impliquant plusieurs soldats russes. Tous déploient une même mécanique. « Ils violent en meute, longtemps, sans se cacher, en public, devant des témoins, les proches, les enfants », constate Larysa Denysenko. « Ils sont souvent ivres, toujours armés, très cruels, sadiques. Des insultes reviennent, par exemple "pute de nazis", "salope nazie", "on va t'ouvrir le ventre, t'apprendre à ne plus mettre au monde de nazis". »

La semaine précédente, trois nouvelles victimes, des femmes, lui ont été envoyées, les premières à vouloir porter plainte, « mais la procédure les a effrayées » : « Je n'arrive plus à les joindre. » On lui a aussi transmis le cas d'un enfant violé. Larysa Denysenko a « craqué », refusé : « Ce qu'il a subi est d'une telle barbarie... Je ne me suis pas sentie capable de le porter. » Viols collectifs sur des femmes, des enfants, des hommes, en public ou sous le regard des familles, qui peuvent être suivis d'assassinat, viols post mortem, prostitution forcée... : l'Ukraine découvre avec horreur l'étendue des violences sexuelles commises par l'armée russe depuis l'invasion du pays le 24 février 2022.

« Un système de terreur organisé »

Mediapart a sillonné les régions de Kyiv et de Chernihiv au nord du pays, reprises par les forces ukrainiennes, à la rencontre des victimes. Des rencontres majoritairement indirectes, tant le silence fait déjà son œuvre, par le biais des proches, des témoins, des avocat·es, des psychologues, des médecins, des élu·es, des ONG, en première ligne dans la révélation de ces crimes dont l'ampleur est difficile à évaluer. « Il est beaucoup trop tôt, la guerre fait rage, les victimes sont très éprouvées, elles ne sont pas prêtes à parler. Leur priorité est de rester en vie avec leur famille, d'avoir un abri, à manger. Le viol n'est qu'un bout de l'enfer qu'elles vivent », avertit Oleksandra Matviychuk, du Centre pour les libertés civiles, une ONG qui met à disposition des survivantes un vade-mecum : comment porter plainte, accéder à des soins, à une contraception d'urgence, en territoire libéré, occupé, comment préserver les preuves – « ne pas se laver, ne pas changer ou jeter les vêtements, ne pas se brosser les dents », etc.

L'activiste rappelle le poids d'un tabou séculaire : « Le crime sexuel est le plus caché dans les sociétés, de nombreuses victimes ne parleront jamais. » Elle l'a constaté ces dernières années auprès de prisonniers revenus des geôles des séparatistes prorusses : « Des témoins me racontaient que leurs codétenues et codétenus avaient été plusieurs fois violés mais, lorsque je leur parlais, ils évoquaient les tortures, les sévices, jamais les viols. » Une autre raison empêche la libération de la parole, affirme-t-elle : « Notre système juridique n'inspire pas la confiance. Déjà en temps de paix, la victime ne croit pas que le violeur puisse être condamné. En temps de guerre, ce sentiment d'insécurité est aggravé. »

Si le 12 avril 2022 le président ukrainien Volodymyr Zelensky a évoqué « des centaines de cas de viol », le parquet ukrainien ne communique qu'un chiffre actualisé au fil des jours : celui des crimes de guerre présumés, toutes catégories confondues. À ce stade, plus de huit mille ont été identifiés et font l'objet d'enquêtes ouvertes par la procureure générale d'Ukraine et la Cour pénale internationale de La Haye (CPI). Un site gouvernemental a été spécifiquement créé (Warcrimes.gov.ua), où peut être envoyé tout document attestant de crimes de guerre. Des renforts sont venus du monde entier. Des ONG reconnues, tels Amnesty International ou Human Rights Watch (HRW), lequel documentait dès le 3 avril 2022 le viol d'une jeune femme dans un village près de Kharkiv, conduisent leurs propres enquêtes.

Un des enjeux sera de déterminer si les viols relèvent d'une stratégie militaire délibérée, planifiée au sommet par la Russie, d'un potentiel génocide qui vise à l'épuration ethnique, comme le dénonce le président ukrainien, ou s'ils sont un des dommages aléatoires de la guerre, sans responsabilité du commandement. Pour Larysa Denysenko, « c'est un système de terreur organisé au plus haut ». Wlada*, vingt ans, qu'elle accompagne, a été violée à Irpin, près de Kyiv, dans le sous-sol d'un immeuble, au milieu d'autres réfugié·es, par trois hommes de la 64e brigade de fusiliers motorisés. Cette brigade, impliquée dans le massacre de centaines de civils dans la commune voisine de Boutcha, a été décorée à son retour à Moscou par le président russe, le 18 avril 2022, au titre de « l'héroïsme, la ténacité, la détermination et le courage ».

Larysa Denysenko compte s'appuyer sur les nombreuses conversations téléphoniques interceptées par les services secrets ukrainiens entre les soldats russes et leurs camarades, leur hiérarchie, leur famille, où « ils sont félicités de violer ». L'une d'elles sidère le pays : une femme russe lance à son mari soldat : « Tu vas là-bas, tu violes des femmes ukrainiennes et tu ne me dis rien. Compris ? »

Son téléphone sonne. Encore un signalement dénonçant des « charlatans » qui se font passer pour des psychologues et aggravent les traumas. Elle veut créer un comité d'éthique de la profession, s'alarme des « psys anti-avortement qui encouragent des mineures violées tombées enceintes à garder l'enfant », du « manque de personnel formé ». Sergueï Dimitrov, de l'ONG Elos, est d'accord : « Il faut former, et vite, toute la chaîne à bien se tenir aux côtés des victimes, à les écouter, les croire, les accompagner, les respecter. Il faut éviter qu'elles soient de nouveau traumatisées. » « Aucun pays n'est outillé pour affronter une telle industrie du viol », plaide Kateryna Levchenko, fondatrice de La Strada, l'ONG phare de lutte contre les violences faites aux femmes en Ukraine. Elle redoute que le silence l'emporte.

« Il vaut mieux ne pas savoir »

Dans les villages de l'oblast (région) de Kyiv, il est déjà à l'œuvre. Ludmila* ne dira rien à la police du calvaire d'Oksana*, sa nièce de quarante ans, et d'Iryna*, la fille de celle-ci, à peine dix-huit ans. Des jours durant, quatre soldats russes, ivres d'alcool, les ont violées l'une après l'autre, chacune assistant à la tragédie de l'autre. Les bourreaux, « des Yakoutes ou des Bouriates », se sont vantés auprès de leur brigade et du village. « Il faut oublier. Dieu nous soutiendra. Ici, tu n'es pas à

Kyiv, dans l'anonymat. Tu es dans un village où tout le monde sait tout. Si Iryna porte plainte, qui voudra l'épouser ? En plus, les barbares ont volé sa virginité », dit Ludmila, poings serrés, larmes dévalant les rides, un fichu blanc noué sur la tête. Des mauvaises langues la traitent de « collabo » parce qu'elle a cuisiné pour l'ennemi alors que c'était sous la contrainte d'un fusil d'assaut. Elles disent aussi de sa nièce et de sa fille qu'elles se sont « prostituées aux Russes ». La première vit recluse, à la maison, ne parle plus, traumatisée par les sévices mais aussi par la mort de son fils de vingt-quatre ans qu'elle croyait prisonnier, « fusillé comme un chien ». « C'est comme si elle était morte mais qu'elle continuait à respirer », souffle la tante. Iryna, elle, a fui le village.

Natalia Sidorenko, élue de la commune, a éprouvé cette « peur qui vous habite à vie ». « On s'est organisés pour cacher nos jeunes filles, la proie numéro un. Un père a cloîtré les siennes dans une cabane dans la forêt pendant tout le mois d'occupation. » Elle évoque une dizaine de viols recensés à ce stade. « Aucune victime ne veut porter plainte, plusieurs ont été évacuées du village ou du pays. » Trois d'entre elles se sont confiées à elle : « C'était très douloureux. Elles ne sont pas entrées dans les détails. C'est une souillure trop indicible. Elles m'ont dit : “Il vaut mieux ne pas savoir ce qu'ils nous ont fait.” »

À Ivankiv aussi, dix mille habitant·es, toujours dans l'oblast de Kyiv, « on a caché des gamines, des mères », témoigne la maire Tatiana Svyrydenko. « Certaines se sont coupé les cheveux, rasé la tête dans l'espoir de ne pas être ciblées. » L'élue décrit « le choc absolu » : « On connaissait la violence domestique, les femmes battues, mais on n'avait jamais connu ça : “le viol”. C'est encore plus difficile d'en parler collectivement car c'est nouveau et c'est tabou. » Plusieurs enquêtes sont ouvertes. « Des témoins ont commencé à venir nous voir, à parler, pas les victimes », détaille Tatiana Svyrydenko sous une carte de la communauté de communes, « immense mais peu peuplée à cause de Tchernobyl ».

« Comme tout le monde », elle est obsédée par « le viol des deux sœurs » qui occupe les discussions à voix basse, deux adolescentes de Kyiv venues se réfugier avec leur famille dans leur maison de campagne, pensant être en sécurité au milieu des sapins. Elles ont été capturées puis violées par un groupe de soldats russes. Leur mère a saisi la police. Elles sont aujourd'hui prises en charge par des spécialistes, loin des rumeurs qui tordent les faits, décrivent des tétons coupés, des crânes tondus. La police recherche le « collabo » local qui a établi des listes de jeunes filles pour les Russes. Il avait placé en tête les deux sœurs... « En tant que femme et maire, c'est horrible d'avoir à gérer cela », explique Tatiana Svyrydenko. Discrètement, car « on est une société très traditionaliste, patriarcale, où on ne parle pas de l'intime, du sexe », elle fait campagne pour que les victimes « parlent, portent plainte », mais elle sait que certaines se barricaderont à jamais « avec une bombe intérieure » : « Dans nos petits villages, tu ne peux pas dire que tu as été violée. C'est une deuxième mort. »

Elle est restée quand d'autres élus se sont enfuis. Trente-six jours d'occupation, de terreur, d'enfer. « Les Russes buvaient beaucoup d'alcool, puis ils montaient sur les tanks, roulaient en mitraillant à l'aveugle. Plus les jours passaient, plus ils redoublaient de violence, de sauvagerie. » Tatiana Svyrydenko s'interrompt pour pleurer. Elle a prié si fort, mais « même Dieu est impuissant face à Poutine ».

Documenter le massacre de Boutcha

Le massacre de Boutcha est entré dans l'Histoire. Par son ampleur : des morts par centaines, sous les balles, les obus, la torture, de faim, de froid, et de nombreux viols. Lyudmyla Denisova, chargée des droits humains au Parlement ukrainien, en a documenté plus d'une vingtaine rien que dans une cave, des femmes entre quatorze et vingt-quatre ans. Certaines abattues dans la foulée, d'autres rescapées, tombées enceintes. Volodymyr a entendu « des cris de femmes des jours durant » depuis là où il se cachait. Il les entend encore. Il a perdu des amis, des cousins, vu une colonne de civils abattus d'une balle dans la nuque. Les Russes ont occupé son entreprise de location de matériel de construction, tué son chien dans sa niche. Il a gardé un morceau de fourrure. Des maisons qu'il a mis des mois à construire sont tombées d'un coup. Il s'arrête de parler, il n'y arrive plus.

Devant la morgue de Boutcha, sous un petit chapiteau, le personnel est réuni, les titulaires et les nombreux bénévoles, certains issus des rangs de l'armée. Il faut autopsier, identifier les nouveaux corps, trouver les proches... La mission d'Anna Bilanenko, psychologue, est d'accompagner les familles, « celles qui ne veulent pas savoir et celles qui veulent tous les détails ». Elle s'assure que ces dernières sont « vraiment prêtes » : « Plusieurs ont des membres qui ont été violés, certains après la mort. Des femmes surtout, mais j'ai eu aussi le cas d'un bébé de cinq mois mort de ses blessures, d'un enfant et d'un homme âgé qui s'est pendu de honte. » Elle confie : « Les médecins aussi pleurent. »

« LE VIOL DEVIENT LE PARADIGME DE LA LOI DU PLUS FORT DANS LES RELATIONS INTERNATIONALES »

Entretien avec Chowra Makaremi
Par Rachida El Azzouzi

Chowra Makaremi est anthropologue et autrice de *Femme ! Vie ! Liberté ! Échos du soulèvement en Iran* (La Découverte, 2023).

« Que ça te plaise ou non, ma jolie, il va falloir supporter. » Cette phrase a été prononcée le 7 février 2022 par le président russe Vladimir Poutine devant Emmanuel Macron. Elle était adressée à l'Ukraine et à son président, Volodymyr Zelensky, qui venait de critiquer les accords de Minsk, signés en 2015 pour mettre fin à la guerre dans le Donbass. Quelle lecture en faites-vous ?

Le viol devient le paradigme de la loi du plus fort dans les relations internationales. La philosophe Simone Weil souligne dans un texte combien la guerre relève de la logique du viol puisque sa matrice est la force, qui, plus que de tuer, a le pouvoir de changer l'être humain en « une chose » : « Il est vivant, il a une âme ; il est pourtant une chose. [L'âme] n'est pas faite pour habiter une chose ; quand elle y est contrainte, il n'est plus rien en elle qui ne souffre violence », écrit-elle.

Cette comptine vulgaire de malfrats que cite Poutine dit la culture criminelle qui imprègne sa politique. Elle me fait penser à ce que l'anthropologue Veena Das nomme la dimension voyou de la souveraineté étatique : la truanderie comme n'étant pas seulement un débordement illégitime du pouvoir, mais historiquement une composante de la souveraineté, une de ses modalités.

On le voit avec le pouvoir de Poutine mais aussi avec ceux de Narendra Modi en Inde (dont parle Veena Das), de Donald Trump aux États-Unis, de Jair Bolsonaro au Brésil, de Recep Tayyip Erdogan en Turquie. Quand Poutine a dit sa comptine, personne n'a quitté la salle, ni Emmanuel Macron ni la presse, qui a cherché, au contraire, à faire parler la symbolique de cette « remarque ». Tout le réseau de sens et de connexions qui permet à cette cruelle boutade de tenir lieu de discours guerrier intuitivement compréhensible et audible montre que le type d'outrage dont elle relève est une transgression qui appartient, à la marge, à l'ordre.

On parle de la masculinité hégémonique au pouvoir avec Poutine, mais elle fait écho à celle de nombreux autres chefs d'État que vous venez de citer. Quelles sont les correspondances entre leurs conceptions de domination ?

Il n'y a pas, d'un côté, les théocraties comme l'Iran et l'Afghanistan, et, de l'autre, les populismes virilistes de Trump, Erdogan, Bolsonaro, qui s'appuient sur des « paniques morales » créées par la remise en cause des rôles traditionnels de genre, pour s'adresser à un électorat dans l'insécurité. Bolsonaro, très lié à l'armée et à l'Église, s'est appuyé sur je ne sais combien de prêcheurs pour mener sa campagne. Dimension religieuse que l'on retrouve chez Poutine, Modi, Erdogan.

La religion est un des éléments fondamentaux d'un pouvoir patriarcal très sensible à ce qui peut remettre en question sa légitimité symbolique, sa domination idéologique, dont la puissance est de ne pas paraître comme une idéologie justement. Cette bataille est menée partout. Il y a un même nerf.

Quand l'anthropologue Dorothée Dussy parle de l'inceste et de sa « fonction sociale » de reproduction de la domination patriarcale, son analyse est inaudible pour beaucoup. C'est ainsi que fonctionne l'hégémonie : elle est sans pitié, sans tolérance pour ce qui peut en menacer les ressorts – et du même coup en cartographier le pouvoir en indiquant que c'est là que se situent les boulons puisque, précisément, la puissance de l'hégémonie est dans l'invisibilité de ses boulons.

Si on prend le droit de disposer de son corps : en Occident, il s'articule autour de la question de la santé contraceptive et du droit à l'avortement, et, dans les mondes musulmans, autour de la question du voile. De façon troublante, une chose est commune aux deux situations : c'est le viol comme *la* vérité des rapports entre genres qui organise et justifie la contrainte sur les femmes à travers leur corps. En Occident, le viol est le cas limite qui encadre juridiquement et oriente les discussions morales sur l'avortement. Dans les sociétés musulmanes, la protection des femmes – et de leur famille, dont elles sont censées porter l'honneur – contre l'agression masculine est la justification principale pour l'obligation du voile. Il y a de part et d'autre, toujours, cet impensé du désir masculin prédateur : un état de nature des rapports entre genres.

C'est ce qu'assènent tous les romans de Michel Houellebecq, et la plupart des écrits du grand Léon Tolstoï... « L'homme est un loup pour l'homme, et surtout pour la femme », dit un personnage du film *Dirty Dancing*. Cette population définie par ces rapports et ces pulsions, il s'agit de la gouverner à travers l'ordre patriarcal, dont la domination est posée dès lors comme protectrice.

L'Iran et l'Afghanistan figurent parmi les pays les plus répressifs à l'encontre des femmes, les régimes au pouvoir y menant un « apartheid de genre ». Concernant l'Afghanistan, l'ONU parle même de « crime contre l'humanité fondé sur la persécution de genre ». Êtes-vous d'accord avec cette qualification ?

Parler pour la persécution de genre en Afghanistan de « crime contre l'humanité » me semble une avancée nécessaire, car elle mobilise les armes du droit pour désigner les violences de masse faites aux femmes et résister contre, collectivement et transnationalement.

Mais il me paraît tout aussi important de libérer la pensée autour de la ségrégation de genre. À la frontière entre l'Iran et l'Afghanistan, au Baloutchistan, après la mort de Jina Mahsa Amini en septembre 2022, les femmes sont sorties dans la rue au cri de « Femme, vie, liberté », « Avec ou sans le voile, on va vers la révolution ». Dans cette région, leur place dans l'espace public n'est pas un acquis – alors qu'il l'est à Téhéran –, et elles se trouvent au croisement de plusieurs dominations de genre : celle d'un patriarcat traditionnel, lui-même dominé par la puissance étatique centrale, iranienne, chiite. Or, en participant au soulèvement révolutionnaire qui traversait le pays, elles ont également renégocié leur place à l'intérieur de ces dominations croisées, chantant en persan, avec une intelligence politique remarquable, le slogan des activistes chiliennes : « Le pervers, c'est toi, le salopard, c'est toi, la femme libérée, c'est moi. »

C'est en écoutant les femmes nommer, en situation, la ségrégation qu'on saisit le fonctionnement complexe de ces pouvoirs féminicides : en saisissant cette complexité, on comprend que ce n'est pas seulement en changeant des lois qu'on le démantèlera. On se trouve ici aux antipodes des normes juridiques, lesquelles, au contraire, ressaisissent le réel dans leurs catégories génériques. Les deux mouvements sont nécessaires : l'observation en situation et le combat juridique. Ils doivent fonctionner ensemble.

« FEMME, VIE, LIBERTÉ », L'ESPOIR VENU D'IRAN

Par Rachida El Azzouzi
et Jean-Pierre Perrin

Des milliers de femmes, libérées des diktats vestimentaires et du voile obligatoire, qui avancent cheveux au vent dans l'espace public, dansent, chantent, en pantalon, crop top ou tenue traditionnelle dans les rues, les commerces, les transports. D'autres, elles aussi tête nue, roulant à moto, dessinant des graffitis anti-régime sur les murs des universités, jetant au bûcher leur hidjab islamique, se filmant faisant un doigt d'honneur à un portrait du Guide suprême, l'ayatollah Ali Khamenei.

Sous les applaudissements d'hommes qui, en solidarité, défient avec elles le pouvoir iranien et ses polices assassines, s'affublent de foulards sur les réseaux sociaux, pour dénoncer quarante ans d'apartheid de genre, d'oppression de leurs sœurs, mères, épouses, filles. Certains arborent des tenues strictement prohibées et toujours passibles d'amendes, voire de peines de prison en cas de récidive : un short par exemple.

L'assassinat de Mahsa Amini, morte à l'âge de vingt-deux ans, le 16 septembre 2022, à Téhéran sous les coups de la police des mollahs trois jours après avoir été arrêtée pour une mèche dépassant du foulard, et le soulèvement exceptionnel qu'il a provoqué au son de « Femme, vie, liberté » bouleversent l'Iran. Rien ne sera plus comme avant.

Certes, le régime sous la férule du président Ebrahim Raïssi, à la tête de la République islamique depuis juin 2021, tient bon. La contestation a dû se retirer des rues, mais elle ne s'est pas éteinte. Face à l'atroce répression – la torture, l'empoisonnement de jeunes filles, les viols, plus de cinq cent vingt morts, vingt mille arrestations qui ont conduit à plusieurs exécutions –, elle se réinvente collectivement et individuellement, sous d'autres formes.

Les images qui inondent les réseaux sociaux témoignent de la puissance de ce mouvement inédit qui transcende les classes sociales, impulsé par des femmes, dans les grandes villes comme dans des villages reculés. « Le *nizem* [système] ne réussira pas à nous faire revenir en arrière. Nous ne porterons plus jamais le voile. Il nous menace d'amendes pouvant aller jusqu'à un milliard et demi de tomans [25 000 euros], mais nous ne céderons pas », s'exclame une habitante de Téhéran contactée par téléphone en avril 2023. Qu'importe les risques de répression qu'elle encourt en bafouant ainsi la loi islamique, qui oblige les Iraniennes, depuis 1983, à porter le hijab en public dès l'âge de sept ans sous peine d'être arrêtées, flagellées ou emprisonnées.

Une loi sur le voile durcie en 2022

Ne pas porter le voile est assimilé à un crime en Iran, où des caméras « intelligentes » traquent désormais les contrevenantes sur les places et les voies de circulation. Les autorités appellent cela « le plan pour le hidjab et la chasteté ». Il est entré en vigueur le 15 avril 2023 et il se veut la réponse, ultra-répressive, du régime à la révolution culturelle en cours.

Avec cette nouvelle loi, refuser de porter le voile relève d'une menace contre la sécurité nationale. Fin mars 2023, le tout-puissant chef de l'autorité judiciaire, l'ayatollah Gholamhossein Mohseni Ejei, a ainsi fait savoir que toutes celles qui seraient surprises sans hidjab dans l'espace public seraient considérées comme des ennemies de l'État et des valeurs islamiques. Et « punies » en conséquence. Dans les villes du pays, les imams de la prière du vendredi, dont les prêches sont orientés par le Bureau du guide de la révolution islamique, l'ayatollah Ali Khamenei, ont invité les agents en civil à s'en prendre librement aux femmes non voilées.

Cette loi reprend celle de 1983, qui rendait obligatoire, pour les Iraniennes et les étrangères, quelle que soit leur religion, le port du voile et d'un vêtement ample en public. Elle avait déjà été renforcée par la loi du 5 juillet 2022, qui imposait de nouvelles restrictions aux femmes. Le foulard doit désormais couvrir, en plus des cheveux, le cou et les épaules.

La guerre menée aux femmes, à grand renfort de technologies « intelligentes » qui avertissent d'un SMS toute infraction et enjoignent à « respecter les normes de la société » au risque d'être déféré devant des tribunaux révolutionnaires, entraîne dans son sillage d'autres victimes. Parmi elles, des centaines de commerces, grands et petits, des cafés, restaurants, centres commerciaux, pharmacies, fermés pour avoir accueilli des femmes non voilées. Quant aux propriétaires de voitures qui transportent une passagère qui enfreint le code vestimentaire, ils s'exposent, en cas de récidive, à la saisie de leur véhicule.

Alors que nombre de spécialistes pariaient sur un assouplissement du régime, sous la pression des factions réformatrices – dont l'influence est désormais très limitée – et de certains officiers des pasdarans (gardiens de la révolution) inquiets de la détérioration de la situation intérieure, c'est un durcissement qui s'amorce. À l'évidence, bien plus que le président Raïssi, que l'on a peu entendu sur ce sujet, le Guide suprême en est l'instigateur. « La tactique du Guide, c'est de ne rien changer », souligne un politiste spécialiste de l'Iran, qui souhaite rester anonyme. « Il pense que cela entraînerait sa chute, comme cela s'est passé avec le chah, en 1978, qui avait voulu réformer son pays en position de faiblesse. Résultat : il s'est effondré. C'est pour cela qu'il y a, en ce moment, une surenchère sécuritaire. La stratégie actuelle est de faire régner la terreur, d'augmenter le coût pour les manifestants et la prise de risque pour celles et ceux qui combattent l'ordre théocratique. »

Un apartheid de genre institué par l'État

Car le voile ne revêt pas n'importe quel symbole en Iran. C'est l'un des piliers de l'ordre théocratique du régime, « l'un des fondements civilisationnels de la nation iranienne », rappelle la police dans ses communiqués exhortant au respect de la loi. Le brûler, le déchirer, le jeter, s'en affranchir, en scandant « Femme, vie, liberté », une devise politique et féministe kurde à l'origine, ou « À bas la dictature », c'est non seulement, aux yeux du régime iranien, « ternir l'image spirituelle du pays », « répandre l'insécurité », mais aussi ébranler ses fondations, menacer l'instrument qui lui permet d'inscrire le contrôle de l'État sur le corps des citoyennes.

C'est remettre en cause l'apartheid de genre qu'il a institué, ce système de lois répressives, injustes et discriminatoires qui, au nom de l'islam, visent les femmes dans tous les aspects de leur vie : le droit d'adoption, d'avortement, de divorce, de garde des enfants, l'accès au travail, à l'espace public, etc. Une femme n'a pas le droit de sortir du pays sans l'autorisation soit d'un mari, soit d'un père, et elle est considérée comme un demi-témoin dans les tribunaux selon la loi islamique. Pour l'héritage, la part de la femme est la moitié de celle d'un homme. En Iran, sous la dictature théocratique et ses lois majoritairement fondées sur la charia, « les femmes ne sont qu'un outil de reproduction, pas des êtres humains », témoigne une Iranienne. Une campagne pour encourager la natalité et les mariages précoces est d'ailleurs en cours.

Les attaques au gaz qui, depuis novembre 2022, ont conduit à l'hospitalisation à travers le pays de plusieurs milliers de lycéennes, collégiennes ou écolières, dont bon nombre sous masque à oxygène, sont une autre de ces armes de la guerre menée par le régime de Téhéran contre les femmes.

Après avoir longtemps mis en doute cette vague d'intoxications chimiques, les autorités iraniennes ont commencé à reconnaître leur réalité, mais restent peu disposées à mener l'enquête. Elles ont d'abord prétendu qu'il s'agissait d'intoxications alimentaires, de « farces de filles », d'« hystérie de masse » ou de « défauts dans le système de chauffage » des écoles. Il a fallu l'intervention du Guide suprême, le 5 mars 2023, exigeant de « se pench[er] sérieusement sur la question de l'empoisonnement des élèves » et recommandant l'application de « peines sévères » contre les responsables de ces « crimes impardonnables », pour que le régime reconnaisse du bout des lèvres qu'une vague de terreur avait bel et bien été orchestrée contre des collèges, lycées et universités.

Les agressions sont probablement le fait des ultra-radicaux, des « groupes de vigilants » islamistes. Parmi les motivations susceptibles d'expliquer ces empoisonnements peut figurer la remise en cause de la scolarisation des filles après l'âge de douze ans, comme les fondamentalistes islamistes talibans l'ont fait en Afghanistan, l'un des pays les plus répressifs à l'encontre des femmes. Il y a une dizaine d'années, des écoles de jeunes Afghanes avaient fait l'objet de pareilles agressions au gaz, et le phénomène est réapparu dans le nord du pays en juin 2023, à l'heure d'une oppression systématique et brutale des femmes pouvant relever d'un « apartheid de genre » selon le rapporteur spécial sur les droits humains des Nations unies.

En Iran, les attaques traduisent aussi une volonté de vengeance contre le soulèvement né du décès de la jeune Mahsa Amini. Outre les intoxications au gaz, les lycéennes ont fait l'objet d'agressions sexuelles par le biais de vidéos ouvertement pornographiques, agressions qui se sont produites dans certains lycées de la capitale et sa banlieue, ainsi qu'à Mahchahr, dans le sud du pays. Dans chacun de ces établissements, les élèves ont été contraintes de regarder des films X, avec des scènes de bestialité et de viol, apportés par des hommes venus de l'extérieur et vêtus d'uniformes de milicien. Selon le site indépendant Iranwire, qui rapporte ces informations, il s'agissait de leur montrer à quoi elles seraient confrontées si elles revendiquaient la liberté sexuelle.

« Barâye », miroir des espoirs et des peurs de la jeunesse

« Dites bien que c'est une révolution, qu'elle a déjà profondément changé nos vies et qu'on a besoin de soutien », nous a lancé Jina, une manifestante contrainte à l'exil rencontrée au Kurdistan d'Irak voisin. Elle dit qu'elle est « née le 17 septembre 2022 », quand, sur la tombe de Mahsa Amini, elle a ôté son voile, coupé en public ses très longs cheveux, qu'elle a rasés par la suite. Ce jour-là, elle a manifesté et expérimenté « Femme, vie, liberté » pour la première fois de son existence, à l'âge de trente et un ans, s'affranchissant d'un double joug, celui de sa famille ultraconservatrice et celui de la dictature islamique.

Elle qui a été mariée de force à l'âge de treize ans à un homme de vingt ans son aîné, qui la battait quotidiennement et dont elle a fini par divorcer non sans perdre la garde de leur fils, a aujourd'hui rallié dans les montagnes kurdes un camp de combattantes peshmergas où elle « retrouve la dignité ». D'autres qui ont, comme elle, fui la répression en Iran rejoignent la résistance kurde contre le régime de Téhéran et son combat pour l'autonomie sous l'aile des partis d'opposition kurdes iraniens, exilés au Kurdistan irakien depuis les années 1980. Des organisations laïques, parfois très à gauche, et qui ont largement abandonné la lutte armée.

Mahsa Amini était kurde, enfant de Saqqez, une petite ville au cœur du Rojhelat, le Kurdistan iranien, région opprimée politiquement, culturellement, socialement, économiquement, comme l'est celle du Baloutchistan, deux provinces majoritairement sunnites, situées l'une et l'autre à la périphérie du pays. « Jina Mahsa Amini », corrige Jina en rendant son prénom originel kurde, celui que la loi iranienne a interdit à la naissance, à celle qui est devenue l'icône, mondialement célébrée, du soulèvement qui ébranle, comme jamais en quarante-quatre ans, le pouvoir iranien. « Jina », ce n'est, en revanche, pas son vrai prénom à elle. Elle l'a adopté à l'enterrement de Jina Mahsa Amini, « pour la venger », elle et toutes les victimes du fanatisme iranien.

Un hymne l'accompagne, celui qui rend hommage aux manifestant·es, devenu l'emblème du soulèvement « Femme, vie, liberté » et qui, à des kilomètres de là, aux États-Unis, a reçu en février 2023, aux Grammy Awards, le prix de la meilleure chanson pour un changement de société : *Barâye*. À sa sortie en septembre 2022 et en seulement quarante-huit heures, le titre a enregistré plus de 40 millions d'écoutes. Son auteur, Shervin Hajipour, en a payé le prix fort : une arrestation puis une libération en échange d'une caution phénoménale et une vie sous surveillance.

Avec une anaphore fondée sur la préposition « pour », *Barâye* déroule, en empruntant parmi les tweets des internautes iraniens, la liste des offenses, des humiliations et des injustices, ainsi que les dédicataires de ce chant de combat : « Pour ma sœur, ta sœur, nos sœurs »... L'hymne se termine par les deux slogans les plus emblématiques du soulèvement : « femme, vie et liberté » et « homme, patrie et prospérité ». Dès lors, il apparaît comme le miroir des espoirs et des peurs de toute une jeunesse qu'il contribue à galvaniser. Pour le spécialiste de l'Iran Karim Sadjadpour, de la Fondation Carnegie pour la paix internationale, « la meilleure façon de comprendre le soulèvement iranien n'est pas un livre ou un essai, mais l'hymne de deux minutes de

Shervin Hajipour ». Même dans la ville sainte de Qom, le cœur de la République islamique, des vidéos montrent des étudiant·es reprenant la chanson contestataire.

« Cette chanson, on l'entend partout et, à chaque fois, c'est difficile de ne pas avoir les larmes aux yeux. Elle raconte tellement bien tout ce que nous ressentons », rapporte Afsaneh*, une Téhéranaise de cinquante-neuf ans. Si elle a suivi et observé les manifestations dans la capitale iranienne, elle s'est gardée de s'en approcher de trop près. Afsaneh a participé aux manifestations pour la chute du chah, en 1978, à celles de la « révolution verte », le grand mouvement de contestation de 2010 qui a fait suite à la réélection truquée de Mahmoud Ahmadinejad, mais pas à celles de 2022-2023. « Comme mère de famille, je ne peux pas me permettre d'avoir un problème », explique-t-elle. « Car, ça craint, ça craint vraiment, ça craint partout, ça craint comme jamais. Pas seulement dans la rue, mais aussi sur les réseaux sociaux dès que l'on poste sur Twitter ou Instagram. Impossible pour les photographes de presse de travailler. Les forces de l'ordre les arrêteraient aussitôt et les manifestants, craignant qu'il s'agisse d'espions, ne le permettraient pas non plus. » « La grande différence avec les soulèvements précédents, ajoute-t-elle, c'est qu'on n'entend plus un seul slogan religieux. Pas le moindre "Allahou Akbar", comme c'était le cas en 2010. Mais pas d'insultes pour autant contre la religion, à quelques exceptions près. Cette fois, à la différence de la "révolte verte", le point de rupture entre la population et le régime a été atteint. »

Cet élan a jailli du cœur battant de l'Iran, où le féminisme n'a jamais plié. En Perse, les revendications des femmes ont commencé dès le xe siècle : la princesse et poétesse Rabia Balkhi avait voulu épouser un esclave contre l'avis de sa famille, ce qui lui a valu d'être emmurée vivante. Elle se serait tailladé les veines et aurait calligraphié avec son sang son dernier poème sur les murs de sa geôle, l'adressant à son frère qui l'avait condamnée à ce supplice. Son tombeau se trouve à Balkh, dans l'actuel Afghanistan.

CONCLUSION

« LE SOL TREMBLE, MAIS C'EST TOUJOURS UN PEU LE MÊME CIEL »

Entretien avec Kaoutar Harchi
Par Lénaïg Bredoux

Kaoutar Harchi est écrivaine et sociologue (Haute École de travail social, Genève). Elle a publié, aux éditions Actes Sud, plusieurs romans, *L'Ampleur du saccage* (2011) et *À l'origine notre père obscur* (2014), ainsi qu'un récit autobiographique, *Comme nous existons* (2021).

Le mouvement #MeToo semble être aujourd'hui à un moment charnière. Il suscite une très forte mobilisation et induit des changements indéniables, tout en se heurtant à de vives résistances et à une mobilisation de l'extrême droite. Certain·es parlent de *backlash*, de retour de bâton, comme dans les années 1980. Quelle est votre analyse ?

Ce qui s'est passé en 2017, à l'échelle mondiale et sur le terrain des réseaux sociaux, a modifié beaucoup de choses. Par la quantité de personnes concernées et par la qualité critique et politique de ce qui a pu se dire, nous avons assisté à un mouvement féministe massif, réel et virtuel à la fois, qui a centré l'attention sur les violences sexuelles et sexistes que subissent les femmes.

Des femmes qui ne se connaissaient pas, qui ne partagent pas la même langue, qui vivent des situations personnelles et politiques distinctes, se reconnaissent en un vécu commun : leur corps agressé par un ou plusieurs hommes. Cette reconnaissance est importante : elle se fonde sur l'énonciation d'un vécu qui lie les femmes et sur sa dénonciation qui les relie davantage encore.

Beaucoup de travaux récents, notamment ceux de Dorothée Dussy, ont montré que si les grands anthropologues de la parenté – tels Claude Lévi-Strauss, Maurice Godelier – ont mis au jour l'interdit de l'inceste en tant qu'invariant universel, il s'avère que ce n'est pas tant l'acte incestueux qui est interdit, mais plutôt sa mise en parole, en récit. Le tabou est là : il n'est pas interdit de faire, il est interdit de dire ce qui est fait. Cette relation tendue entre discours moral et pratique sociale me semble pouvoir être élargie à l'ensemble des violences patriarcales. Nos sociétés démocratiques disent que les violences sexistes et sexuelles sont infamantes mais, dès l'instant où des femmes crient à l'infamie, il leur est répondu que c'est là une diffamation. Et s'ensuit ce que nous savons.

Sur le plan du discours, de la théorisation, de la conceptualisation, il y a de grandes avancées. La pensée féministe se perfectionne. Mais quand vous demandez aux femmes ce qu'elles vivent, ce sont des récits terribles qui se font jour. Comme le disent les féministes depuis longtemps, ça bouge beaucoup, comme un sol que l'on sent trembler sous nos pieds, mais le ciel, lui, est toujours un peu le même. Ça bouge beaucoup, mais ça change peu.

Comment l'expliquez-vous ?

L'antiféminisme est très répandu. Il est une puissante force sociale. Il va davantage de soi que le féminisme. Dans les espaces militants de gauche, il est important que cette opposition organisée aux idées féministes soit toujours analysée et que cette analyse puisse servir le renforcement du féminisme. J'entends bien l'idée du *backlash*, du contrecoup, de l'oscillation entre avancées et régressions. Il faut croire que cela est le rythme de l'émancipation.

Pourquoi ?

L'idée d'égalité n'est pas évidente. Ce qui paraît acceptable, *socialement* naturel, est l'idée que les gens ne sont pas égaux. Rappelons-nous que, sous François Hollande [président de 2012 à 2017], s'est organisée la Manif pour tous, opposée au mariage pour tous·tes. Des familles entières sont descendues dans la rue pour défendre un modèle familial, le leur donc, et empêcher d'autres familles de *faire famille.* Et avec une virulence très forte. C'est une haine de l'égalité, si je reprends les mots du philosophe Jacques Rancière. Si un groupe social se vit comme supérieur à un autre groupe, mais que ce dernier, un matin, acquiert un droit par exemple, la relation se transforme. J'entends : le pouvoir disparaît, ou du moins il faiblit. Or, le pouvoir doit demeurer. Car le pouvoir détenu et exercé détermine la forme de vie vécue.

De là, des groupes se constituent, se mobilisent, agissent et produisent une forme de rationalité de la haine présentée comme une défense louable. La défense de la famille, la défense du rôle de père, du rôle de mère, etc. Des causes, des campagnes s'organisent de cette manière, dans l'élan d'une conservation du monde *en l'état*. C'est un aspect fondamental de tout mouvement réactionnaire, à savoir la défense acharnée d'intérêts spécifiques puissants. Et puissants car ayant trait au symbolique, à l'identitaire, c'est-à-dire à la manière dont des groupes se perçoivent, se définissent, s'identifient.

Cette haine de l'égalité est aussi une haine de l'organisation politique qui la promet et la promeut, à savoir la démocratie. Et ça si bien que la démocratie devient un *problème* aux yeux des gardiens du temple patriarcal, racial. Il faudrait, pour que tout rentre dans l'ordre, n'est-ce pas ?, limiter la démocratie, la protéger d'elle-même, c'est-à-dire la protéger des femmes, des étrangers, des travailleurs. Car sinon ces groupes sociaux minorisés risqueraient de vouloir réaliser l'idéal démocratique. Et la démocratie, dans sa folie démocratique, pourrait permettre cela. Les interdits, les limitations, les restrictions, les dissolutions se comprennent comme une forme de grande liquidation de la substance démocratique qui risque de n'être alors que d'apparence.

Les opposants à #MeToo font le lien entre la lutte contre les violences sexistes et sexuelles, la masculinité qui serait en péril, les combats LGBTQI+, le « woke » et l'antiracisme. Pourquoi ?

Oui, ce type de discours est lié au fait que l'identité nationale française perçue comme authentique s'est, à plusieurs moments de l'histoire, construite selon un processus de minoration sociale et politique des masses populaires dites dangereuses, des femmes prétendument perverties et qui pervertissent et des étrangers qui seraient des ennemis. L'identité nationale française possède ainsi, pour reprendre l'expression de la philosophe Elsa Dorlin, « une matrice » qui articule genre, sexualité, classe et race. Pèse ainsi un régime normatif à la fois colonial, masculin et bourgeois. Et ce régime existe toujours.

Mais ces guerres culturelles, ces propos ouvertement racistes ou transphobes n'existent pas qu'en France. On voit même le rôle moteur des États-Unis de Donald Trump dans leur diffusion.

Tout d'abord, disons que le modèle national *à la française* a circulé à travers les espaces internationaux et a pu inspirer d'autres formations nationales. Par ailleurs, dire aussi que ce n'est bien sûr pas seulement la France mais l'Europe et les Amériques qui ont élaboré l'idée de race à partir de la différence sexuelle. Une fois mises en œuvre, ces structures demeurent tant matériellement qu'imaginairement. Bien que des processus de décolonisation soient engagés, les anciennes structures du pouvoir ne sont pas automatiquement remplacées par de nouvelles. Ainsi, la violence contre « les Autres » se sédimente. Et la résistance collective à cette violence aussi.

Ce sont ces deux forces relationnelles qu'il faut toujours analyser sans les dissocier car l'une agit continûment sur l'autre et inversement.

L'Europe est agitée par nombre de revendications sociales, politiques, civiques, économiques, qui prennent des formes de plus en plus *radicales* car les conditions d'existence se dégradent. Ces revendications, il n'est plus possible de les ignorer. Car je dirais que la conscience minoritaire a fait effraction dans la conscience majoritaire. Le rapport de force a gagné, de ce fait, en clarté. Les positions se sont précisées. L'extrême droite, soutenue par la droite, en vient alors à renouer avec un fonds idéologique qui refait surface et est ouvertement assumé. La perspective biologisante est, à travers certains discours, de retour, et cela à tel point que l'on peut se dire qu'en vérité elle n'avait jamais disparu.

#MeToo a aussi pu montrer ses limites en étant beaucoup porté par des femmes blanches et dotées de nombreux capitaux. On songe d'emblée aux actrices qui ont dénoncé Harvey Weinstein. Qu'en pensez-vous ?

Considérer l'articulation des rapports sociaux de pouvoir est fondamental. Et cela afin que le sujet féministe ne soit pas réduit au sujet blanc, bourgeois, mais bien élargi à l'ensemble des sujets politiques, c'est-à-dire respectueux de la pluralité des subjectivités féminines. Une fois ce postulat posé, nous remarquons que la force de lancement de #MeToo a tenu, d'une part, à sa puissante conceptualisation et matérialisation pratique. C'est là tout le travail réalisé, durant des années, par la militante et travailleuse sociale Tarana Burke. D'autre part, la force de #MeToo est liée à la force du capital social détenu par l'actrice Alyssa Milano. Ainsi #MeToo, mouvement voué à rendre formulables des paroles jusque-là interdites, s'est fondé sur une relation inégalitaire entre une femme dont la contribution a été invisibilisée et une autre femme au pouvoir de visibilisation surpuissant. De ce fait, il est important de garder à l'esprit que tout mouvement féministe peut charrier, en son propre sein, sa propre violence, et cela en raison du caractère pluriel de la domination.

#MeToo a-t-il aussi pu être instrumentalisé pour cibler des hommes racisés issus des milieux populaires ?

Oui, bien sûr, car les idées féministes sont toujours mobilisables à des fins racistes. La racialisation des violences sexistes et sexuelles, telle qu'elle fut mise en œuvre par Marlène Schiappa notamment, est la manière dont l'ordre blanc se défend d'être patriarcal en accusant l'ordre non blanc de l'être. Ainsi, la perspective racialisante – ou culturalisante – fait apparaître un sexisme plus acceptable qu'un autre. L'un serait essentiel, naturel, immuable, tandis que l'autre serait accidentel. Dans le cadre de #MeToo, ce type de distinction a pu être renforcé par le processus de dénonciation des agresseurs qui s'opère, *de facto*, selon une logique nominative, individualisante. Dès lors que l'on individualise, on déstructuralise. J'entends par là que le rapport de pouvoir risque toujours d'être masqué par des notions psychologisantes, par exemple. Ce qui ouvre la voie à la possibilité, pour certains, certaines, de dire « tous les hommes ne sont pas ainsi ». Et donc : « mais certains hommes le sont plus que d'autres ». Or, il est moins question d'hommes que de pouvoir social détenu, cumulé, exercé et légitimé.

La question des violences sexistes et sexuelles est aujourd'hui le noyau autour duquel une force nucléaire se déploie. Mais, pour qu'elle ne subisse pas une trop forte déperdition, elle doit être nourrie par d'autres questions structurelles : les rapports de classe, les rapports sociaux de race. Il est difficile de parler d'un féminisme qui ne soit que féministe. Il nous faut prôner un féminisme qui porte en lui toutes les difficultés susceptibles d'être rencontrées par toutes les femmes dans notre société. Sinon, comment espérer le ralliement de toutes les femmes ? Il doit embrasser la pluralité des expériences historiques féminines : il n'y a pas qu'une façon de combattre le patriarcat.

RÉFÉRENCES

Chapitre I
« #MeToo est un grand événement dans une révolution plus vaste »

Adaptation d'un entretien vidéo :
Lénaïg Bredoux et Rachida El Azzouzi, « #MeToo est un grand événement dans une révolution plus vaste », 18 février 2023.

Cent affaires emblématiques

Adaptation d'une enquête de Lénaïg Bredoux, Donatien Huet et Marine Turchi :
« Ce que deviennent 100 affaires révélées depuis #MeToo », 25 novembre 2022.

L'affaire PPDA : la bataille de « soeurs d'infortune »

Adaptation de trois articles de Lénaïg Bredoux et Marine Turchi :
« PPDA, une affaire tentaculaire », 10 mai 2022.
« Affaire PPDA : "Nous sommes des sœurs d'infortune" », 10 mai 2022.

« L'affaire PPDA, ou tout le chemin qu'il reste à parcourir », 11 mai 2022.

Au cinéma : Gérard Depardieu, une complaisance française

Adaptation de trois articles signés Marine Turchi, avec Sarah Brethes :

Marine Turchi, « Violences sexuelles : 13 femmes accusent Gérard Depardieu », 11 avril 2023.

Marine Turchi, « Gérard Depardieu, une complaisance française », 11 avril 2023.

Sarah Brethes et Marine Turchi, « Affaire Depardieu : pourquoi l'acteur est mis en examen », 11 avril 2023.

L'affaire Léo Grasset : les nouvelles frontières de #MeToo

Adaptation de deux enquêtes signées Sophie Boutboul et Lénaïg Bredoux :

« Star de YouTube, Léo Grasset est mis en cause par plusieurs femmes », 23 juin 2022.

« Le youtubeur Léo Grasset visé par une enquête préliminaire pour viol », 29 novembre 2022.

Le dilemme des musulmanes

Adaptation d'un article de Faïza Zerouala :

« Dénoncer des violences au risque de nourrir l'islamophobie, le dilemme des musulmanes », 3 avril 2023.

Chapitre II

Hulot, Darmanin, Abad : des affaires au coeur de l'État

Adaptation d'articles signés Marine Turchi et Lénaïg Bredoux :

Lénaïg Bredoux, « Affaire Damien Abad : la méprise d'Emmanuel Macron », 15 juin 2022.

Lénaïg Bredoux, « Violences sexuelles : non, les élus mis en cause ne sont pas “comme les autres” », 8 décembre 2022.

Marine Turchi, « Affaire Damien Abad : une information judiciaire est ouverte », 30 juin 2023.

L'affaire Quatennens, le malaise de la gauche

Adaptation de plusieurs articles signés Lénaïg Bredoux, Sarah Brethes, Mathieu Dejean, Valentine Oberti :

Lénaïg Bredoux et Sarah Brethes, « L'affaire Quatennens révèle les faiblesses de La France insoumise », 19 septembre 2022.

Mathieu Dejean, « Affaire Quatennens : affligées, des militantes de gauche exigent une “relève féministe” », 20 septembre 2022.

Mathieu Dejean, « Affaire Quatennens : le témoignage de son épouse compromet son retour », 23 novembre 2022.

Valentine Oberti, « Adrien Quatennens est condamné par la justice et suspendu par LFI », 13 décembre 2022.

Lénaïg Bredoux et Mathieu Dejean, « Adrien Quatennens réintégré à La France insoumise : la grande confusion », 11 avril 2023.

« Voix aiguë » et « jérémiades » : le sexisme à l'Assemblée

Adaptation d'un article publié le 24 février 2023 :

Lénaïg Bredoux et Mathieu Dejean, « “Voix aiguë”, “jérémiades”, “Sarah Bernhardt” : des députées témoignent du sexisme à l'Assemblée ».

Chapitre III

Féminicides : anatomie d'une défaite

Adaptation de plusieurs articles signés Lénaïg Bredoux, Sarah Brethes, Sophie Boutboul, Cécile Hautefeuille, Ludovic Lamant, Camille Polloni et Ilyes Ramdani :

Sophie Boutboul et Sarah Brethes, « Féminicides au sein du couple : adolescentes et jeunes filles, des victimes “hors des radars” », 27 août 2022.

Sarah Brethes et Camille Polloni, « Bracelets antirapprochement : un outil précieux au déploiement laborieux », 18 novembre 2022.

Ilyes Ramdani, « Violences conjugales : l’Assemblée vote la création de juridictions spéciales », 2 décembre 2022.

Sarah Brethes, « Féminicides : cinq mortes en une semaine, dans l’indifférence générale », 17 février 2023.

Cécile Hautefeuille, « La litanie des féminicides se poursuit, Darmanin entrouvre un œil », 4 mars 2023.

Lénaïg Bredoux, « Les auteurs de féminicides sont aussi en col blanc », 25 mars 2023.

Ludovic Lamant, « Les tribunaux spécialisés dans les violences conjugales en Espagne, un exemple pour la France », 4 mai 2023.

Inceste : du « tabou » à un « ordre social complaisant »

Adaptation de plusieurs articles signés Sarah Brethes et Hugo Lemonier. L’émission « À l’air libre » consacrée à l’inceste était présentée par Mathieu Magnaudeix et Lénaïg Bredoux :

« L’inceste est partout », « À l’air libre », 13 septembre 2022.

Sarah Brethes, « Commission inceste : un an après, des milliers de témoignages et une urgence politique », 21 septembre 2022.

Sarah Brethes, « Affaire Bastien Vivès : “La société est en train de prendre conscience de la réalité des violences sexuelles faites aux enfants” », 14 décembre 2022.

Sarah Brethes, « À Narbonne, la justice accorde la garde d’un enfant à son père mis en examen pour inceste », 17 janvier 2023.

Hugo Lemonier, « Autorité parentale : la commission sur l’inceste face aux réticences des juges », 9 février 2023.

Chapitre IV

Les retraites, un mouvement social féministe ?

Adaptation de six articles signés Lénaïg Bredoux, Cécile Hautefeuille, Youmni Kezzouf, Célia Mebroukine et Dan Israel, ainsi que de deux entretiens vidéo réalisés lors d'une soirée spéciale organisée le 10 mars 2023 :

Cécile Hautefeuille, « Retraites : la réforme n'est pas "plus juste" pour les femmes », 23 janvier 2023.

« Contre la réforme des retraites, la France en colère », 6 février 2023.

Célia Mebroukine et Youmni Kezzouf, « En pleine bataille des retraites, l'espoir d'une "grève féministe" fait son chemin », 8 mars 2023.

« Mettons la réforme à la retraite ! », « À l'air libre », 10 mars 2023.

Christophe Gueugneau et Dan Israel, « "La colère est toujours là" : contre la réforme des retraites, les manifestants refusent de se résigner », 11 mars 2023.

Cécile Hautefeuille, « Réforme des retraites : les points clefs de la version finale », 20 mars 2023.

De Transavia à Vertbaudet, des luttes exemplaires

Adaptation de deux articles signés Sarah Bos et Yunnes Abzouz :

Sarah Bos, « Violences sexuelles : la compagnie Transavia condamnée aux prud'hommes », 1er novembre 2022.

Yunnes Abzouz, « Vertbaudet : fin de la grève, la CGT revendique la victoire », 2 juin 2023.

Chapitre V

La bataille de l'IVG : la défaite américaine

Adaptation de plusieurs reportages et articles d'Alexis Buisson et Patricia Neves aux États-Unis :

Alexis Buisson, « Devant la Cour suprême, le désarroi des militantes pro-avortement », 24 juin 2022.

Alexis Buisson, « Ouvrir une clinique d'avortement dans le Wyoming, le combat d'une militante », 28 septembre 2022.

Patricia Neves, « Avortement : le grand bond en arrière des États-Unis », 24 juin 2022.

Patricia Neves, « États-Unis : la menace sur l'IVG pèse beaucoup sur les femmes noires », 9 juin 2022.

Patricia Neves, « Aux États-Unis, les féministes créent un réseau clandestin pour des pilules abortives », 8 avril 2023.

La transidentité, cible obsessionnelle de l'extrême droite américaine

Adaptation d'un article publié le 16 mai 2023 :

Mathieu Magnaudeix, « La transidentité, cible obsessionnelle de l'extrême droite américaine ».

En France, l'extrême droite en guerre contre
la pseudo-« idéologie woke »

Adaptation d'articles signés Christophe Gueugneau, Maëlle Le Corre et David Perrotin :

Christophe Gueugneau, « À Bordeaux, un début de sursaut contre une extrême droite décomplexée », 2 mars 2023.

Christophe Gueugneau, « Contre les LGBTQI+ et les migrants, l'extrême droite à l'offensive », 16 mai 2023.

Maëlle Le Corre et David Perrotin, « Centre LGBTI attaqué à Tours : enquête ouverte pour “tentative d’assassinat” », 23 mai 2023.

Chapitre VI

La rhétorique criminelle de Vladimir Poutine

Adaptation d’articles écrits par Mathilde Goanec, François Bougon, Lénaïg Bredoux et Mathieu Magnaudeix :

Mathilde Goanec, « Les femmes dans la guerre, un double symbole pour l’Ukraine », 13 mars 2022.

Lénaïg Bredoux et Mathieu Magnaudeix, « Poutine en Ukraine, la guerre au nom du genre », 30 avril 2022.

François Bougon, « Guerre en Ukraine : “Les bourreaux russes se présentent comme des victimes” », 12 février 2023.

François Bougon, « La communauté LGBT constitue pour Poutine l’ennemi intérieur parfait », 26 février 2023.

Le viol, « la bombe intérieure » qui dévaste l’Ukraine

Adaptation d’une enquête initialement publiée le 12 mai 2022 :

Rachida El Azzouzi, « Le viol, “la bombe intérieure” qui dévaste l’Ukraine ».

« Femme, vie, liberté », l’espoir venu d’Iran

Adaptation de plusieurs articles et émissions de Rachida El Azzouzi et Jean-Pierre Perrin :

« Femmes, vie, liberté, c’est un projet politique », « À l’air libre », 29 septembre 2022.

Jean-Pierre Perrin, « Iran : l’hymne à la révolte qui galvanise la jeunesse », 5 octobre 2022.

« Femme, liberté, solidarité : notre soirée de soutien au peuple iranien », 11 décembre 2022.

Jean-Pierre Perrin, « En Iran, l'ombre des ultra-radicaux plane derrière la mystérieuse vague d'empoisonnements », 21 mars 2023.
Rachida El Azzouzi, « "Femme, vie, liberté" au Kurdistan d'Irak », 2 avril 2023.

REMERCIEMENTS

Nos remerciements vont d'abord à celles et à ceux qui nous ont confié leur histoire, parfois douloureuse, ces dernières années, et qui ont pris des risques, personnels, familiaux ou professionnels. Avec celles et ceux qui ont eu ce courage et cette force, nous espérons avoir été, modestement et à la place de journaliste qui est la nôtre, à la hauteur. Notre gratitude est immense.

Ce travail, qui va bien au-delà des enquêtes sur les violences sexistes et sexuelles, doit tout à la mobilisation de la rédaction de Mediapart, et de ses pigistes, ainsi qu'à l'accompagnement bienveillant et exigeant des avocat·es du cabinet Seattle (Me Emmanuel Tordjman et ses associé·es).

Il n'aurait jamais été possible sans les encouragements et la conviction du rôle essentiel de la presse pour documenter les rapports de pouvoir et de domination au cœur des inégalités et des violences de genre, portés par la direction du journal, notamment par Stéphane Alliès, Carine Fouteau et Edwy Plenel.

Merci à Mireille Paolini, ainsi qu'à Vassili Sztil.

Enfin, merci évidemment aux abonné·es de Mediapart qui rendent ce travail possible.

TABLE

Chapitre II.
En politique, des violences endémiques, un sexisme quotidien

Chapitre III.
L'impasse politique et judiciaire

Chapitre IV.
#MeToo est aussi une bataille sociale

Chapitre V.
L'offensive réactionnaire

Chapitre VI.
La guerre au nom du genre

RÉALISATION : NORD COMPO À VILLENEUVE-D'ASCQ
ACHEVÉ D'IMPRIMER SUR ROTO-PAGE
PAR L'IMPRIMERIE FLOCH À MAYENNE
DÉPÔT LÉGAL : OCTOBRE 2023. N° 154388 (103340)
IMPRIMÉ EN FRANCE